办公室实务

（第二版）

卢颖 主编

国家开放大学出版社·北京

图书在版编目（CIP）数据

办公室实务 / 卢颖主编 . --2 版 -- 北京：中央广播电视大学出版社，2017.8（2019.10重印）

ISBN 978-7-304-08766-1

Ⅰ. ①办⋯ Ⅱ. ①卢⋯ Ⅲ. ①办公室工作—开放教育—教材 Ⅳ. ① C931.4

中国版本图书馆 CIP 数据核字（2017）第 173212 号

版权所有，翻印必究。

办公室实务（第二版）

BANGONGSHI SHIWU

卢颖　主编

出版・发行：国家开放大学出版社（原中央广播电视大学出版社）

电话：营销中心 010-68180820　　　　　总编室 010-68182524

网址：http://www.crtvup.com.cn

地址：北京市海淀区西四环中路 45 号　　邮编：100039

经销：新华书店北京发行所

策划编辑：宋　莹　　　　　　　　版式设计：黄　晓
责任编辑：李　嵩　　　　　　　　责任校对：赵　洋
责任印制：赵连生

印刷：玉田县嘉德印刷有限公司　　　印数：310001～370000
版本：2017 年 8 月第 2 版　　　　　2019 年 10 月第 8 次印刷
开本：787 mm×1092 mm　1/16　插页：8 页　印张：12　字数：267 千字

书号：ISBN 978-7-304-08766-1
定价：29.00 元

（如有缺页或倒装，本社负责退换）

PREFACE 前 言

本教材根据国家开放大学开放教育行政管理专业"办公室管理"(专科)教学大纲编写。为了使学生更好地学习本门课程，更加充分地运用多种学习资源，中央广播电视大学出版社开发了《办公室实务》(第二版)学习资源包。

学习资源包通过图、文、声、像、画全媒体展示学习内容，并将学习内容有机地集成到一起，使学生获得更及时、更多角度的阅读、视听、掌控、互动等体验。学习资源包不仅方便了学生在线或离线学习，还可以与远程教学平台结合起来，实现开放大学的泛在教学和学生的泛在学习。

这套学习资源包囊括全媒体数字教材、文字教材、形成性考核册及其他多种数字学习资源。其中，文字教材和形成性考核册以纸质形式出版；全媒体数字教材和其他数字学习资源，学生可以通过扫描文字教材上的二维码，登录"开放云书院"后下载获得。

"办公室管理"课程的文字教材《办公室实务》迄今已出至第二版，第一版出版于2015年8月，其能满足不同层次、不同专业的学习者学习相关课程的需要，也可作为办公室从业人员业务提升和在职培训教材。与办公室工作相关的工作者、研究者和学习者都可以将本教材作为一本案头书使用。

本教材的编写立足于办公室从业人员实际工作的需要，突出既"实"又"专"的特点，注重理论与案例融合，呈现形式力求出新，强调内容务实可操作，以达到提升能力、学以致用的目的。

本教材围绕理论与实践一体化的要求，根据每一节的知识内容，设计任务描述、任务分析、相关知识、技能训练、任务成果展示等项目。以案例为导引，以任务驱动为主线，是本教材的两大特色，呈现出教与学的完整过程。在导引案例的设计上，将每个学习任务的目的、重点、难点、关键点、实用点、误点和盲点贯穿于案例中，跳出了以往教材对知识体系平铺直叙的模式。在任务驱动设计上，以任务描述和分析为起点，以相关知识为基础，以技能训练为核心，以任务成果展示为收束，整个教学过程一气呵成。

本教材由中国高等教育学会秘书学专业委员会常务理事卢颖主编，中国高等教育学会秘书学专业委员会会员、资深企业培训师邢斌承担全书的统稿工作。

本教材编写时，为适应开放教育学习者的特点，提高其学习效率，根据相关的教材建设要求，在综合考虑专业课程体系合理性的基础上，我们对教材内容进行了精心编排和凝练。由于编者水平所限，书中肯定有诸多不足，恳请广大专家、学者和读者提出宝贵意见和建议，以利于今后进一步完善。

编者

2017年6月5日于北京

PREFACE 第一版前言

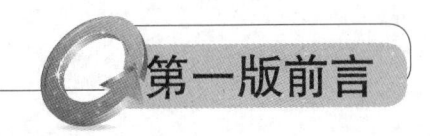

本书是为国家开放大学行政管理专业"办公室管理"课程编写的教材，也能满足不同层次、不同专业的学习者学习相关课程的需要。本书也可作为办公室从业人员业务提升和在职培训教材。与办公室工作相关的工作者、研究者和学习者都可以将本书作为一本案头书使用。

本书的编写立足于办公室从业人员实际工作的需要，突出既"实"又"专"的特点，注重理论与案例融合，呈现形式力求出新，强调内容务实、可操作，以达到提升能力、学以致用的目的。

全书围绕理论与实践一体化的要求，根据每一节的知识内容，设计任务描述、任务分析、相关知识、技能训练、任务成果展示等项目。以案例为导引，以任务驱动为主线，是本书的两大特色，呈现出教与学的完整过程。在导引案例的设计上，将每个学习任务的目的、重点、难点、关键点、实用点、误点和盲点，贯穿于案例中，跳出了以往教材对知识体系平铺直叙的模式。在任务驱动的设计上，以任务描述和分析为起点，以相关知识为基础，以技能训练为核心，以任务成果展示为收束，整个教学过程一气呵成。可以说，导引案例和任务驱动相结合是本书的最大亮点。

本书由中国高等教育学会秘书学专业委员会常务理事卢颖主编，中国高等教育学会秘书学专业委员会会员、资深企业培训师邢斌承担全书的统稿工作。

本书在编写时，为适应开放教育学习者的特点，提高学习效率，根据相关的教材建设要求，在综合考虑专业课程体系合理性的基础上，我们对内容进行了精心编排和凝练。

由于时间仓促，作者水平有限，书中肯定会有这样或那样的不足，恳请广大专家、学者和读者提出宝贵意见，以利本书今后的进一步完善。

编者
2015 年 4 月 30 日于北京

目 录

第一章 绪 论 ... 1
第一节 办公室的含义与基本职能 ... 1
第二节 办公室工作的特点 ... 4
第三节 办公室工作的范围与内容 ... 6
第四节 办公室工作的核心理念与任务 ... 9

第二章 办公用品管理 ... 14
第一节 常用办公用品管理 ... 14
第二节 库存控制管理 ... 18
第三节 办公用品与设备的采购管理 ... 23

第三章 政务性工作实务 ... 27
第一节 办公室辅助决策工作 ... 27
第二节 办公室调查研究工作 ... 30
第三节 办公室督查工作 ... 37
第四节 办公室信息工作 ... 40

第四章 日常事务管理实务 ... 46
第一节 办公环境 ... 46
第二节 接待工作 ... 50
第三节 信访工作 ... 61
第四节 值班管理 ... 66
第五节 活动安排与应酬管理 ... 68
第六节 行政办公经费管理 ... 75
第七节 安全与保密 ... 77
第八节 印章管理 ... 84
第九节 外事工作管理 ... 88

第十节　后勤事务管理 90
　　第十一节　办公效率与时间管理 93

第五章　文书写作实务 99
　　第一节　文书写作概述 99
　　第二节　如何准确运用公文进行书面沟通 103
　　第三节　如何拟写常用的事务文书 108
　　第四节　如何拟写典型商务文书 116

第六章　文书管理实务 126
　　第一节　发文办理 126
　　第二节　收文办理 130
　　第三节　档案管理 132
　　第四节　电子文档管理 141

第七章　会议服务与管理实务 145
　　第一节　会议概述 145
　　第二节　会议的类型、特点与作用 148
　　第三节　会议管理制度的制定 151
　　第四节　会议的预算与成本控制 153
　　第五节　会务管理工作 156
　　第六节　会议的信息工作 163

第八章　办公室公共关系 166
　　第一节　办公室公共关系工作 166
　　第二节　公共关系沟通 170
　　第三节　办公室公共关系危机 173
　　第四节　办公室用语与用语禁忌 177

参考文献 183

第一章

绪　　论

▼ 教学目的与要求

- 了解：办公室的含义
- 理解：办公室的特点，办公室工作的核心理念与任务
- 掌握：办公室的基本功能，办公室实务的范围与内容

第一节　办公室的含义与基本职能

▼ 导引案例

我所做的办公室一天的工作

今天同以往一样，我一大早便来到先农坛体育场"武搏会"的组委会办公室，开始了一天的工作。今天的任务本来比较繁重，除了要查收并回复来自各个国际协会的电子邮件（这是我平时的主要任务，由于收到的电子邮件和我回复的电子邮件都是英文的，所以一天下来精疲力尽是非常正常的），我还要帮助别的工作人员完成文件的翻译工作，包括汉译英和英译汉。

现在组委会里一共有三位大学生志愿者，除我之外还有两个女生，一个是北京外国语大学俄语学院的，一个是北京语言大学的。由于我比较勤快，做事效率还算高，英语也还可以，所以领导就给我这个"freshman"（新人）安排了一个很重要的工作——查发电子邮件。

十点的时候，部长突然跟我说："小陈啊，你现在跟我去一趟市政府，有重要任务！"

在市政府外事办的国际处，我领到了自己的任务——给43个驻外使馆发去运动员的签证信息表。发过传真的同学可能知道，发传真是说着容易，做着难，尤其是发国际传真，信号稍有不好，即使就差最后那么一点儿，你也不会成功。偏偏我碰到的都是些地处偏远的国家，比如安哥拉、斐济、博茨瓦纳、贝宁，我的神啊！这还不是最痛苦的，最痛苦的是在我发了"N"遍都不成功之后，我必须打国际长途电话到驻外使馆，询问他们的邮箱地址，再把电子版的签证信息表发给他们。我从上午十一点开始这项工作，一直弄到傍晚六点才结束。虽然中途休息了一下，但还是感到很疲倦。

办公室工作人员一方面向各级管理部门传递信息，另一方面还要将上级领导的管理思路和指示转换为管理行为贯彻实施下去，甚至要直接参与到管理工作中。办公室工作人员业务管理水平的高低是办公室能否正常运转的关键，同时也是决定企事业单位工作效率和经济效益的关键。

一、任务描述

正确认识办公室的角色、地位、作用，树立正确的办公室工作人员职业观。

二、任务分析

（一）任务目标

了解办公室的基本含义，掌握办公室的基本功能，树立正确的办公室认知。

（二）任务分析思路

正确辨别各种错误的认识，加强对办公室作用的认同感，提升办公室工作人员的职业自信心和职业自豪感。

三、相关知识

（一）办公室的基本概念

办公室，英文为"office"，泛指处理特定事务或提供服务的地方。顾名思义，办公室泛指一切办公场所，由办公房间、办公人员、公共事务和办公设施组成。"办公室"在《现代汉语词典》中有两种解释：①办公的屋子；②机关、学校、企业等单位内办理行政性事务的部门。级别高的称为办公厅，一般的称为办公室。

（二）办公室的内涵

不同类型的组织，办公场所有所不同，故办公室的含义也不同。办公室的普遍含义包括：

（1）办公室是泛指一切机关、学校、企业等单位办理行政性事务的办公场所。

（2）办公室是企业正常运行不可或缺的机构。

（3）办公室是组织内部办文、办公、办事、办会的主要平台。

显然，办公室是领导的"综合服务部"。无论是在哪一级党政机关，还是在哪一个单位或部门，办公室都属于常设机构。实践证明，它的作用发挥得大与小，日常工作运转得好与坏都将直接关系到领导工作的进展、质量和水平，极大地影响领导及组织的形象，以及组织的运营发展。因此，这样的"办公室"正是本书所要研究的对象。

（三）办公室的类型

我国办公室组织机构的设置类型，大致分为：党的机关办公室、政府机关办公室、军事机关办公室、社会团体办公室、企业单位办公室、事业单位办公室等。

根据党和国家最高领导机关的职责、任务及工作上的需要，中央机关分别采用分理制和综理制的形式设置下属机构。所谓分理制，就是采用分部门办公的形式，办公厅（室）为各分部门中的一个部门。所谓综理制，就是采用不分部门办公的形式，办公厅（室）负责综合管理领导机关的一切日常工作。

中共中央、国务院实行的是分理制。办公厅是部、委一级的机构，下设办公厅人员局、机要局、外事局、警卫局、机关事务管理局等机构，局下面设处，如档案处、房管处等。全国人大、全国政协、中央军委则实行综理制，由秘书长或办公厅主任领导的办公厅负责综合承办日常工作，下设若干局、处、室或组。军队总参谋部、总政治部也采用分理制，办公厅属于总部下属的一个分部门，与其他分部门是平行关系。

各省、市、县级党政机关也采用分理制的形式设置下属机构，办公厅（室）与相应的部、委、局平行设置。人大、政协则以综理制的形式设置下属机构，秘书长或办公厅（室）主任统辖下属各处、科、室，管理机关的日常工作。事业单位、国有和民营企业，一般参照同等级别的领导机关的规格设置办公室。

各民主党派领导机关，参照同级党政机关的级别设立办公室，一般实行秘书长综理制。工会、共青团、妇联等群众团体，按同级党政机关的级别设立办公室或秘书处、秘书科。由于各群众团体与人民群众的联系事务较多，办公室还下设信访、政策研究机构或配备专职人员。其他学术团体，如中国教育学会、中国档案学会等，一般设秘书长主持日常工作，办公室主任在秘书长的领导下具体组织、实施工作。

（四）办公室的核心功能与基本职能

功能，英文为"function"，指事物或方法所发挥的有利作用、效能。

（1）办公室的核心功能（core competency）：指可塑造出组织文化及价值观的功能。办公室的核心功能是掌管事务、辅助政务、综合服务。

（2）办公室的基本职能：三办（办文、办会、办事），公文管理，事务管理，综合协调，督促检查，信息调研，会议管理，接待信访工作，为领导（政务）服务，工作机要保密工作，后勤保障，档案管理，值班工作，"不管部"（指其他部门没有明确职责权限）功能。

四、技能训练

（一）基本训练

（1）简述办公室的基本功能。

（2）搜集优秀办公室工作的实例。

（二）案例分析

结合导引案例"我所做的办公室一天的工作"，谈谈你是如何理解"办公室工作无小事"这一观点的。

五、任务成果展示

（1）开展优秀办公室工作人员的工作经验交流活动。

(2) 开展主题为"树立正确的秘书职业观"的演讲比赛。

第二节　办公室工作的特点

导引案例

比尔·盖茨成功背后的女人

创业之初的微软公司基本上都是年轻人,他们搞业务、搞推销都是一把好手,可是做起内务、管理方面的杂事,没有人能有耐心。盖茨的第一任行政助理是个年轻的女大学生,除了完成自己分内的工作外,对任何事情都是一副不闻不问的冷漠劲儿。盖茨要求总经理伍德立即解雇该行政助理,并限时找到"只要她能胜任公司的各种杂务而不厌其烦就行"那种类型的行政助理。于是,盖茨的第二任行政助理——42岁的露宝上任了。她是4个孩子的母亲。一般的公司聘请行政助理一定要年轻漂亮、身材苗条的女性,而这么大年龄的女性居然得以录用,真是令人不可思议。

几天之后的一个早上,露宝坐在自己的位置上,看到一个男孩子闯进董事长盖茨的办公室,经过她面前时只是"嗨!"地打了一声招呼,像孩子对待母亲似的那么自然。然后,他就摆弄起办公室的电脑。因为先前伍德曾特别提醒过她,严禁任何闲人进入盖茨的办公室操作电脑,她立刻告知伍德说有小孩闯进了董事长的办公室。伍德表情淡漠地说:

"他不是小孩,他是我们的董事长。"

"什么?他就是比尔·盖茨?"

露宝发现微软公司不同于其他公司,尤其是盖茨和艾伦(当代美国商界最成功的拍档之一——比尔·盖茨和保罗·艾伦),行为颇异于常人,他们通常是中午到公司上班,一直工作到深夜,每周7天,无一例外。假如偶尔要在第二天早上会客,他们就在办公室睡到天亮。

盖茨在办公室的饮食起居,成了露宝日常工作中的一项内容,这使盖茨感到了一种母性的关怀和温暖,减少了远离家庭而带来的种种不适感。因此,盖茨就像对待母亲一样地对待他的这位雇员,压根就没考虑过再聘请别人。

露宝在工作上也是一把好手。盖茨是谈判的高手,不过常常在第一次会见客户时,会使客户产生小小的误会。客户见到盖茨时,总不免怀疑眼前的这个小个子不是微软公司的董事长,可能微软公司真正的董事长正在干其他的事吧?他们伺机打电话到微软公司核实,露宝接到这样的电话,总是和蔼可亲地回答:"请您留意,他是一位年纪看上去十六七岁、长一头金发、戴眼镜的男孩子,如果您见到的人是这样的形象,就对了,自古英雄出少年嘛。"露宝的话化解了对方积郁在心头的疑虑。

露宝把微软公司看成一个大家庭,她对公司的每个员工,对公司里的每项工作都有一份很深的感情。很自然的,她成了微软公司的后勤总管,负责发放工资、记账、接订单、采购、打印文件等。

每天早上9点左右，清洁工就进入微软公司的办公室进行清理工作。有一天一位软件工程师突然从办公室里叫嚷着冲出来，板起脸孔看着露宝，问她有没有把他的程序扔掉。露宝莫名其妙地说："没看见什么程序呀！"

经过露宝仔细地询问，方知是清洁工误把这位软件工程师放在电脑旁、写在废纸上的一叠程序，当作垃圾扔了。这位软件工程师懊恼不已，那是他的灵感之作。

自从这件事后，露宝制定了一项制度，在微软公司的办公室里，清洁工只能清理垃圾桶里的东西，其他地方的东西一律不准移动。

可是问题又来了，软件工程师把喝完饮料的空罐随手扔在电脑旁边或桌子的一角，清洁工也不敢去碰，过不多久，办公室里空罐堆积如山。露宝又得向清洁工解释，哪些东西是有用的，不可以碰，哪些东西是垃圾，应该清除。

露宝成了公司的灵魂，给公司带来了凝聚力，盖茨和其他员工对露宝都有很强的依赖心理。是的，盖茨从露宝那里得到了信赖，露宝则从盖茨那里得到了尊重。相辅相成，唇齿相依，这种良好的雇佣关系成了微软公司一道独特的风景线。

一、任务描述

认知办公室工作人员的角色，练就扎实的办公室岗位专业技能，实现办公室工作人员的价值。

二、任务分析

（一）任务目标

能够准确理解办公室工作的特点，正确把握办公室工作人员的职业角色，强化形象意识，增强光荣感、使命感、责任感。

（二）任务分析思路

以办公室的工作地位为思考原点，以"办文""办会""办事"的效果为切入点，深入理解办公室工作的特点。

三、相关知识

（一）办公室的特点

(1) 辅助性：办公室区别于其他职能部门的第一个特点是它的辅助性。办公室工作应当在服务和服从于领导工作的前提下，充分发挥自己的辅助管理职能，当好领导的参谋和助手。

(2) 综合性：办公室是各种专业知识和技能相互交叉运作的部门；办公室工作是一项综合性的工作；办公室工作是多元化的。

(3) 服务性：服务性是办公室工作的本质属性。办公室的设立与工作的开展，首先是为了适应各级各类机关领导工作的需要，为领导工作提供辅助性的服务，同时也要为各部门和基层提供服务。

（二）办公室的角色及工作作风

1. 办公室的角色

（1）角色定位：一是从属性，办公室附属于领导的工作需要应运而生，从属于领导工作而开展自身工作；二是中枢性，与其他只具有业务性的职能部门相比，办公室是机关单位的中枢部门，是领导的"参谋部"和"左右手"。

（2）角色定向：做到心往发展想、利为群众谋、事朝和谐办。

（3）角色定性："三服务"基本原则——为本单位领导服务，为各部门和基层服务，为群众服务。

2. 办公室的工作作风

简而言之，办公室角色的定位、定向和定性，决定了办公室必须贴近领导，全面辅佐领导工作；不在其位，善谋其政。同时，要求办公室领导和工作人员必须强化政治观念。政治观念包括：坚定的政治立场，明确的政治方向，敏锐的政治嗅觉，极高的政治觉悟，极强的政治鉴别力。要树立为民谋利、开拓进取、团结和谐、求真务实、清正廉洁、奋发有为的政治形象。打造办公室服务领导、联系干群的良好工作作风。

四、技能训练

（一）基本训练

（1）简述办公室的特点。

（2）简述办公室的角色。

（二）案例分析

结合导引案例"比尔·盖茨成功背后的女人"，谈谈你认为应当如何在工作中建立起他人对你的信任感，从而更好地胜任办公室工作。

五、任务成果展示

有人说："办公室不能为企业创造利润价值，在企业没有话语权。"对于这种说法，你怎么看？

第三节　办公室工作的范围与内容

导引案例

××公司办公室工作人员的岗位职责

（1）协助总经理对公司运作与各职能部门进行管理，协调公司内部各部门关系，协助、监督各项管理制度的制定及推行。

（2）做好公司重要会议的记录及会议纪要的整理，及时上报总经理，起草、打印、登记和存档总经理签发的文件。

（3）负责公司内外重要信息的搜集、整理、分析工作。

（4）负责公司内外重要事项的综合协调工作及向公司各个部门报送公司的有关规定。

（5）完成总经理交办的其他工作。

××公司秘书任职条件

（1）本科以上学历，工商管理、秘书或软件工程等相关专业。

（2）拥有两年以上秘书管理工作经验，有一定的项目管理经验。

（3）具备良好的组织能力及人事管理和沟通能力，能独立处理突发事件，工作细致、认真，能承受较强的工作压力。

（4）能够熟练使用各类办公软件。

（5）有软件企业从业经验者优先考虑。

（6）有驾驶执照。

一、任务描述

理解办公室实务的范围与内容，掌握办公室工作人员的职业素养、能力要求。

二、任务分析

（一）任务目标

明确对办公室工作人员的职业道德、素养和技能的基本要求，掌握在"德""谋""技"方面的方法和技巧，使自己成为合格的办公室的复合型人才。

（二）任务分析思路

在了解办公室工作对其从业人员基本要求的基础上，充分认识办公室的工作任务，强化服务意识，高质量、高效率地完成工作任务；进一步深入了解办公室工作的职业特点，明确自己的努力方向，找到自身的问题和不足，不断地改进和提高。

三、相关知识

（一）办公室工作的主要内容

各单位、各部门由于体制、规模和业务工作等情况的不同，办公室的工作内容存在差异。办公室工作的主要内容，归纳起来有政务、事务两个方面。具体来说，包括辅助决策、管理信息、起草公文、协调关系、管理会议、督促检查、信访工作管理、日常事务管理、办公室自身建设等。

（二）办公室工作人员应具备的职业素质

（1）重德：强调"做人"的关键环节是培养良好的职业道德，即要做到"尽仁""尽义""尽礼""尽智""尽信"。

办公室工作人员的"德"是领导形象的"补充"、工作效率的"折射"、自身素养的"反映"。因此，办公室工作人员必须诚实正直、谦虚谨慎、兢兢业业、恪尽职责、严守机密、互相帮助、竞而不妒；切实做到有功劳时不伸手，有苦劳时不计较，有疲劳时不抱怨。

（2）善谋：能够正确理解领导的意图，替领导过滤重要的事务；要"参"到点子上，"谋"到关键处，注重谏言技巧；学会把握职场环境的运作方法，一是个性与共性协调统一，二是含蓄与直白的工作技巧相结合。

知识链接：办公室工作人员"善谋"还必须谨防几个误区：一是"参政"意识过度，把自己摆在"准领导"或副职的位置上，把幕后工作放到台前；二是轻易抛出不成熟的想法，并强加于领导，这样于公于己都不利；三是出"馊主意"，帮倒忙，给单位带来损失，造成被动局面。为了避免以上误区，办公室工作人员应当用良好的职业道德规范约束自己，踏踏实实地做好分内工作，不能靠油滑奸巧去取悦、应付领导。

（3）擅技：办公室工作人员只有拥有新时代的知识结构，才能做到行文准确、办事到位、办会周密、沟通有效、信息灵通，更好地发挥自身的作用；要具有一技之长，技压群芳；提高学习能力和专业技能，活化专业技能。

（4）自律：服从而不盲从，尊重而不庸俗，规矩而不拘谨。

（四）办公室工作人员要明确 12345 工作法

1 个原则：服务于全局中心工作。

2 个转变：角色转变，由"指挥员"变为"战斗员"。

3 项工作：调查研究、制度管理、综合勤政。要求贴近领导核心，辅助领导工作；贯彻领导意图，反映群众利益；没有领导权力，隐含领导权力。

4 手功夫：把班带好，把人用活，把事办实，把后勤管好。

5 个必要（五常法）：常组织、常清洁、常整顿、常规范、常自律。

四、技能训练

（一）基本训练

（1）简述办公室实务的范围与内容。

（2）简述办公室工作人员需要明确掌握的特定的工作方法。

（二）案例分析

结合导引案例"××公司办公室工作人员的岗位职责"和"××公司秘书任职条件"，讨论当今社会、单位对办公室工作人员的聘用要求，这些要求给我们带来了哪些启示？

(三) 能力拓展训练

资料：

诚信立身让别人敢依靠你

唯有让人信得过的人，才能在社会上立足；如果失掉诚信，不仅难以立足于社会，甚至会身败名裂。

北宋大词人晏殊未成年时参加殿试，在看了试题后说："我十天前已经做过这个题目，而且文章草稿还保存着，请皇上换别的题目吧。"宋真宗非常喜欢晏殊的诚实。

有一年，真宗允许臣僚们自行选择旅游胜地举行宴会，各级官员都踊跃参加。晏殊这时手头拮据，没钱出游，便独自居家与兄弟读书论ری。这天，真宗挑选辅佐太子的官员，出人意料地在百官中选中了晏殊。宰相问真宗的用意，真宗解释说："我听说各级官员无不游山玩水，大吃大喝，通宵达旦，歌舞不绝，唯有晏殊闭门与兄弟读书，如此谦厚，正可担当辅佐太子的重任。"晏殊听说后，便老老实实地向真宗说："我并不是不喜欢游乐吃喝，只是因为我现在没钱。如果有钱，这些旅游宴会我也会参加的。"真宗越发欣赏晏殊的诚实，又因为晏殊懂得为臣之道，便越来越重用他。到宋仁宗时，晏殊被任命为宰相。

问题讨论：结合晏殊的仕途经历，谈谈你对"诚信立身"的理解。

五、任务成果展示

搜集办公室工作人员在职业道德、职业素养、专业能力方面的事例（正、反面事例均可）。

第四节 办公室工作的核心理念与任务

导引案例

从"南线北移"到"向山水资源进军"

江西某县的南部，有7个乡镇经济比较发达，工农业总产值占全县27个乡镇工农业总产值的53.4%。这些乡镇最大的特点就是乡镇企业办得好。于是，有人提出"南线北移"的设想，主张像南面7个乡镇那样，在北面20个乡镇大搞乡镇企业。这个设想是否可行呢？县委办公室组织调查组进行了深入细致的调查，获得了大量的典型材料。他们首先采取归纳法，通过分类完成对各个乡镇的典型认识。然后采用对比法，对南北乡镇各自的有利条件和不利条件做了比较，发现南线的7个乡镇人多田少，水陆交通便利，有从事手工业的传统，而北线的20个乡镇人少田多，交通不发达，祖祖辈辈以种田为业。通过调查，县委办公室得出了如下结论：南线的优势在工业，北线的优势在农业，"南线北移"的条件在近期内不够成熟，不利于北线发挥其所长。并且，提出了方案：北线除个别条件好的乡镇可以适度发展工业外，主要战略应放在发挥自己的资源优势上。这个调查报告得到了县委、县政府的重视，随即制定了"向山水资源进军"的战略决策。于是，北线大种柑橘、苎麻，大养鱼、鳖、螃蟹，经济形势发展很快。

一、任务描述

办公室是沟通上下的咽喉，是联系左右的纽带，是传递信息的中枢，又是协助领导决策的"外脑"和处理日常事务的"手足"。因此，只有明晰办公室工作的核心理念与任务，才能主动做好办公室工作，从而不折不扣地将党和国家的路线、方针政策在本地区、本单位贯彻落实。

二、任务分析

（一）任务目标

明确办公室管理的任务，掌握办公室工作的研究内容与方法。

（二）任务分析思路

根据对办公室工作人员的要求，进一步深入了解办公室工作的特点，明确自己的努力方向，遵循办公室工作的内在活动规律，高效工作，做一名能够"驾驭"办公室工作的职业人。

三、相关知识

（一）办公室工作的核心理念

运用管理科学的原理与方法，不折不扣地贯彻党政中心工作不动摇，对办公室的资源整体效益活动进行全局性管理。

（二）办公室管理的含义及基本原理

1. 办公室管理的含义

办公室管理是依据办公室内在的活动机理，利用先进的科学技术，对办公室的构成条件及其信息服务活动进行计划、组织、指挥和控制等的活动。

2. 办公室管理的基本原理

办公室管理是一门以人造系统为研究对象的科学技术。它的理论基础建立在管理学、行为科学、科学社会学、系统论、控制论、信息论等基础科学理论以及相关的科学技术之上。办公室管理的基本原理包括：

（1）系统原理：系统原理运用于办公室管理，主要是指运用系统论的整体综合观对办公室管理进行系统分析，从整体上正确理解系统的目的，保持子系统间的动态平衡，保证办公室的整体性能和效益达到最优化。

（2）整分合原理：整分合原理运用于办公室管理，主要是指运用整分合原理来规划办公室的各项工作。做到在整体规划下有明确分工，并在分工基础上进行有效综合。通过

"整""分""合"三种管理形态的及时调节，保持办公室管理的高效率。

（3）反馈原理：反馈原理应用于办公室管理，主要是指在办公室管理活动中，建立灵敏、准确、快速的反馈系统，灵敏地感受信息，正确地分析、处理信息，有效地利用信息，为领导决策提供依据，协助领导把信息转化为强有力的管理行为，最大限度地发挥信息的效益。

（4）封闭原理：封闭原理运用于办公室管理，主要是指办公室自身系统的管理手段必须构成一个连续的回路，形成一个封闭的有效的管理系统。当管理系统具备了决策、执行、接受等元素后，系统的封闭就有赖于办公室管理来实现了，这包括针对指令执行效果进行预测，针对出现的问题采取相应措施，针对执行后果进行评价及奖惩等，从而实现管理目标。

（5）弹性原理：弹性原理运用于办公室管理，主要是指在复杂的管理活动中，必须有充分的可供调节的余地，以适应客观事物的变化。通过对管理系统中各单元的协调、督促，制定紧急处置措施，开通渠道，确保各项管理指令的贯彻，提高办公室协调职能的实施效果。

（三）办公室管理原则

（1）目标统一原则：要求从整个系统来权衡利弊得失，小局服从大局，具有目的性、全面性。

（2）提高效能原则：必须按照有利于提高效率的原则来加强办公室管理。

（3）追求精简原则：办公室管理应有严密的分工，使工作规范化、系统化，有利于提高工作效率。如果是专业性较强的单位，办公室内还应设立具有专业性的秘书机构，以便协助领导开展工作。

（4）分级负责原则：包括职、责、权一致原则，迅速、准确、保密原则。

（四）办公室管理的范畴与任务

办公室管理的目的在于实现包括制订计划、组织实施、指挥协调、监督控制诸环节在内的整个过程的总体目标优化，从而尽可能提高办公室的工作效率，最大限度地实现办公室的工作目的。

1. 办公室管理的范畴

一是参与目标管理，任何单位的目标管理的有效性，都有赖于办公室管理水平的高低，办公室管理水平直接影响单位总体管理目标的实现。办公室参与目标管理是办公室管理的最高层次。二是自身的管理，它是指对办公室所属的各个专业部门的统一管理，以及对办公室的人员、信息、日常行政、财物等方面的管理，是办公室系统范围内的管理活动。三是专业管理，它包括领导日程管理、公文管理、会议管理、事务管理、档案管理、统计管理、信息管理、印章管理、办公自动化管理、安全保密管理等。

2. 办公室管理的任务

服务是办公室管理的第一要义。办公室管理的主要任务是辅助领导处理信息，综合情况，协调关系，管理事务，确保整个单位高效运转。具体说来，主要有以下任务。

（1）沟通信息：是指办公室通过多种方式和途径，使领导和单位掌握有关信息，以便做出正确决策，实施有效的领导和不间断的指挥。

（2）参谋咨询：是指有利于提高领导工作质量和效率的智谋性辅助功能。参谋咨询是办公室在辅助领导决策过程中应有的职责和功能。

（3）协调关系：是指办公室工作人员在自己的职责范围内，或根据领导授权，协调领导之间、部门之间、工作之间、同事之间的关系，促使领导和单位活动趋向同步化、和谐化，以实现共同目标的行为。协调关系是办公室的一项重要职能。

（4）督促检查：泛指上级单位对所属部门或单位贯彻上级决策和执行工作任务的情况进行监督、检查和推动，从而发现问题，纠正偏差，抓好落实。督促检查也是办公室的一项重要职能。

（5）掌管公文及公文处理：公文是各级单位在处理公务活动中形成的具有法定效力和规范体式的文书，是各级单位行使职能的重要工具。公文处理是指公文的拟制、办理、立卷归档和管理等一系列相互关联、衔接有序的工作。

（五）办公室管理的评估及绩效考核

办公室管理的核心理念告诉我们：应做到工作要求目标化、管理事务规范化、工作安排流程化、时间运筹科学化、工作手段现代化，从而实现办公室管理的要求与目标。

（六）办公室管理的基本要求

办公室工作人员要德才兼备；岗位配置量才适用；因人而异，扬长避短；依据人员能力的不同，智能互补；岗位设置相对稳定，人员合理流动；物质激励和精神激励相结合。

四、技能训练

（一）基本训练

（1）简述办公室工作的核心理念。

（2）简述办公室管理的任务。

（二）案例分析

结合导引案例"从'南线北移'到'向山水资源进军'"，谈谈你对该县委办公室所进行的调查工作有怎样的看法。

（三）能力拓展训练

资料：

王助理应该怎么办？

××商业公司的刘副经理与徐副经理有点儿小隔阂。一天，该公司的王助理向主管商品购销的刘副经理请示了一项业务的处理意见后，在返回的路上碰到了负责广告宣传的徐副经理。于是，王助理又向这位副经理谈了这件事。徐副经理听了以后也给出了处理意见，但与刘副经理的处理意见有出入。结果，王助理左右为难，当他把徐副经理的意见转告给刘副经理时，刘副经理责怪王助理多事，不按他的意见办。加之平时刘副经理与徐副经理有些矛盾，刘副经理又认为王助理与徐副经理关系亲近些，曾在一些事情上支持过徐副经理。这样刘副经理非常生气，认为王助理应只向他汇报工作。

（1）王助理应按哪位领导的意见办？有如下方案可供选择，请你做出合理选择或处理，并说明理由。（　　）

A. 按刘副经理的意见处理，因为他是主管这项业务的领导。

B. 按徐副经理的意见处理，因为他是业务宣传人。

C. 建议刘、徐互相协商，形成统一意见后，再做处理。

D. 找主要决策人总经理裁定后，按其意见处理，这是按组织原则，即"一支笔"原则办事。

（2）身处这种的工作环境之中，办公室工作人员应如何开展工作？

五、任务成果展示

召开主题为"提升办公室工作人员能力的最佳途径"的研讨会。

本章小结

办公室的核心职能是"掌管事务、辅助政务、综合服务"。办公室具体职能大体上有十五个方面，办公室工作人员必须清楚。办公室的综合、辅助、服务性的特点，决定了办公室工作人员必须做到：贴近领导，全面辅佐；不在其位，善谋其政；服务领导，联系干群。办公室工作人员应具备"重德""善谋""擅技"等职业素质。办公室管理的目的在于实现包括制订计划、组织实施、指挥协调、监督控制诸环节在内的整个过程的总体目标优化，从而尽可能地提高办公室的工作效率，最大限度地实现办公室的工作目的。

第二章

办公用品管理

教学目的与要求

- 了解：常用办公用品管理
- 理解：库存控制制度
- 掌握：库存控制方法，办公用品采购和管理

第一节 常用办公用品管理

导引案例

制定办公用品的领用办法及管理方案

××企业准备采购一批办公用品（包括电脑、U盘、桌、椅、沙发、中性笔、铅笔、笔记本等）。负责此业务的采购部门制定了一套采购、领用及管理方案。具体方案如下：

采购方案：根据公司的实际情况，制定需求。对于电脑、桌、椅、沙发这类比较大件的物品，应制定申请制度，按需采购。首先为目前在岗人员配备相关物品，对于新入职员工，由其部门领导、文员或者本人，在其到岗后申请购买。中性笔、铅笔、笔记本按月或者按季度采购，根据使用需求，每月或者每季度发放，多采购一部分作为库存，备用。采购完成，取得发票的当时入账，按费用或者固定资产入账。

领用方案：针对固定资产，制作固定资产卡片，安排专人管理，记录具体使用人。低价易耗品，上月（季度）由各部门申请本月的使用数量，按申请数量发放给部门文员或者其他负责人，再发放给员工。高价低损耗品，比如计算器等，实行备案制度。

管理方案：每半年、年度盘点固定资产，个人使用损毁、丢失的，视具体情况追究当事人的经济责任；每半年核对低价易耗品的购买、库存、领用情况。员工离职，其固定资产收回，重新分配；高价低损耗品，由部门文员或者其他负责人管理，或者收回。

知识链接：低价易耗品是指劳动资料中单位价值在规定限额以下或使用年限比较短（一般在一年以内）的物品。它与固定资产有相似的地方，如在生产过程中可以多次使用不改变其实物形态，在使用时也需维修，报废时可能也有残值。由于它价值低，使用期限短，所以我们可采用简便的方法，将其价值摊入产品成本中。低价易耗品包括办公室里的烟灰缸、扫把、垃圾筐、手纸盒、墩布、暖水瓶、脸盆、水桶、插线板等。

一、任务描述

"工欲善其事，必先利其器。"时间就是生命，办公室要提升服务活动的效率，办公用品的管理工作是重中之重。办公用品管理中一项经常性的事务工作，就是发放办公用品。这项看似简单的工作，却包含着刚性原则和柔性技巧。正确、规范地使用办公用品，能够按要求进行办公用品的发放及科学化管理，是办公室工作人员的基本职责。

二、任务分析

（一）任务目标

了解常用办公用品管理，熟练掌握管理办公用品及设备的相关程序。

（二）任务分析思路

要结合单位的实际情况有针对性地学习办公用品及设备管理方法。

三、相关知识

（一）办公用品概述

办公用品是指企业或个人在办公的过程中所需要的各种工具。办公用品行业涉及的领域非常广泛，从电脑、打印机、复印机这类整机到墨盒、硒鼓等办公耗材，从照相机、摄像机、录音笔等数码产品到办公家具、书写工具、办公用纸等。

（二）办公易耗用品的管理

1.办公易耗用品的范围

（1）书写工具，又称办公文具，是办公书写所需要的各种类型的笔、墨水、笔芯等，主要包括：铅笔、圆珠笔、针式笔、钢笔、记号笔、胶片笔、白板笔、荧光笔、中性笔、签字笔、水性笔、油漆笔、软毛笔、铱金笔、财务专用笔、教鞭笔、台式笔、箱头笔、笔芯、铅芯、墨水、台笔等。

（2）桌面用品，主要包括：订书器、起钉器、打孔器、订书钉、胶带座、便签盒、尺子、剪刀、美工刀、号码机、钉枪、回形针/盒、胶水/胶棒/胶带、修正用品、大头针、圆规、橡皮、复写板、白板擦、笔袋、书包、文具盒、书套、切纸刀、削笔机等。

（3）财务用品，主要包括：印章、海绵缸、票夹、账簿、凭证、手提金库、印台、印油、板夹、单据/收据等。

（4）纸制用品，主要包括：信封/档案袋、横翻笔记本、竖翻笔记本、螺旋装订笔记本、无线装订笔记本、仿皮笔记本、硬皮本、皮面笔记本、PU笔记本、报事贴、便签、标贴、胶套本、缝线本、软抄本、聘书、荣誉证书、证件卡、拍纸本、口取纸等。

（5）文件管理用品，主要包括：弹簧夹、强力夹、文件夹、文件袋、文件盘、文件套、文件柜、长尾夹、索引、报告夹、报刊架、风琴夹、档案盒、资料架、资料册、名片册/盒、D 型/O 型扣面文件夹、半透明夹、杂志筐、装订夹、文件包等。

（6）办公设备专用易耗品，主要包括：打字机用色带、修正液；复印机用墨盒；计算机用 U 盘，移动硬盘、光盘等。

2. 做好办公用品的发放工作

在做这项工作时，很重要的一点是要对发放什么办公用品，发放给谁，哪些办公用品还有库存等做好记录。

（1）发放办公用品应考虑的因素：办公用品的保管、储存和发放是否符合单位规定；办公用品的保管、储存和发放是否安全可靠，是否保证了存储条件并遵守了组织程序；发放办公用品是否符合规定，遇有货单不符或办公用品有损坏的情况是否立即向有关人员汇报；是否根据单位的程序及规定，按照要求将办公用品发放给相关人员；发放办公用品时是否确认办公用品申请单；是否持有进货、存货和发放办公用品的最新的、准确的、清楚的记录与资料；是否制定办公用品发放制度，确定办公用品发放人。

（2）发放办公用品的工作要求：指定人员发放；按单位的有关制度规定发放时间，紧急需要办公用品时必须有相应的程序处理；必须填写办公用品申请表，并由授权人签字批准；经清点核实后发放办公用品；提醒使用部门和人员节约使用办公用品。

3. 借用办公用品的要求

相关部门和人员在借用办公用品时，需出具主管领导签字批准的借条，并注明归还日期。

（三）常用办公设备的使用

1. 办公设备的概念

办公设备（office equipments），泛指与办公室工作相关的设备。

2. 常用办公设备的功能及用途

（1）文件输入及处理设备：计算机、文件处理机、打字机、扫描仪等。

（2）文件输出设备：文件复制设备、文件打印设备、文件传送设备等。

（3）文件复制设备：制版印刷一体化速印机和油印机、小胶印机、工程复印机（晒图机）、静电复印机、数字式多功能一体机、数字印刷机、轻印刷机、喷墨复印机等。

（4）文件打印设备：激光打印机、喷墨打印机、针式打印机和绘图机等。

（5）文件传输设备：传真机、计算机、电传机等。

（6）文件储存设备：缩微设备、硬盘、云盘等。

（7）文件整理设备：分页机、裁切机、装订机、打孔机、折页机、封装机等。

（8）网络设备：网络适配器、路由器、交换机、调制解调器等。

（9）沟通设备：座机电话、网络电视会议软件、电话会议设备等。

3. 常用办公设备的使用规范

（1）必须明确每台设备的具体用途，熟悉掌握其操作程序，严格按照使用说明书的要求进行操作。

(2) 必须明确专人专责的专管制度，严禁任何人随意使用，除非是配置给个人专用或指定公用的办公设备。

(3) 注意安全，注意节电，注意卫生，注意定期保养。

(4) 未经领导允准，任何人严禁私自使用办公设备，尤其是用于处理私人事务。

(5) 办公设备的使用环境温度为5℃至35℃，相对湿度为20%至85%，湿度过低时需用加湿器，湿度过高时需用除湿器，并放在距办公设备5米左右的有效影响距离内。

(6) 如果办公设备不处于工作状态，应及时切断电源。

(7) 使用电脑时要做到：不要让阳光直射电脑，以免机壳老化；不要随意放置茶水，以免碰翻杯子弄湿电脑，造成短路；不要在开机状态下插拔各种电缆，以免烧坏接口；不要使用来历不明的软件，防止病毒侵入，并且要配备必要的杀毒软件，定期或经常地对电脑进行保护性杀毒；不要在病毒入侵时使用电脑，除非有特殊的自我防护措施；不要自己随意处理电脑硬件故障；不要将电脑交给非专业人士修理，如有必要应全程监督。

4. 常用办公设备的使用维护

提倡主动维修，使机器的停机时间最短化，从而获得最佳的使用效率和效益。办公设备要定期维护保养，清除设备内部的污垢，在必要的部件上加注润滑油，清洁光学部件，改善复印品质量，将可能存在的故障隐患消灭在萌芽状态，减少停机时间。

5. 制定有效使用办公设备的措施

(1) 确定相应责任者：如办公设备丢失、损坏属于过失人责任的，过失人应承担相应的经济责任。

(2) 复印机：相关部门和人员在申请复印时必须填写有细节要求的申请表，并在复印前由主管人员签字批准。还可以发复印卡以限制部门的使用次数。较昂贵的复印如彩色复印，一般不能自由使用，可由中心服务区根据部门的具体需要进行复印，并由各个部门独立核算成本。

(3) 传真机：指定人员使用传真机，做好登记并保留发送记录，其中包括日期、信息发送人的姓名和信息接收者的姓名。

(4) 计算机、打印机、互联网：很多单位已在工作中提供该类设备，但在使用中要注意，昂贵的设备要限制使用次数；彩色打印要集中管理并由各部门独立核算成本；严格监督因特网的使用情况。

(5) 电话、移动电话：禁止用公用电话打私人电话；控制国内、国际长途电话的使用；按单位有关规定使用移动电话；定期检查并核对电话账单以控制开销。

四、技能训练

(一) 基本训练

(1) 简述办公设备的使用规范。

(2) 简述发放办公用品的工作要求。

（二）案例分析

结合导引案例"制定办公用品的领用办法及管理方案",谈谈采购、领用及管理方案的目的是什么?

（三）能力拓展训练

写出常用的办公设备名称。

五、任务成果展示

加强办公用品和办公设备的管理可以杜绝购买、发放的随意性,厉行节约。对办公用品和办公设备维修流程标准进行规范,既保证办公用品和办公设备及时按需发放到位,又避免浪费,降低办公费用。

请你列出所在单位的办公用品和办公设备的管理制度（各列出一项即可）。

第二节　库存控制管理

导引案例

数字的折射

从柯达克公司和美国钢铁公司1966年和1970年期间库存的变化中,我们可以看到库存控制管理的重要性:1966年,柯达克公司的资产中25%是库存,1970年该比例下降到19%,库存负担费用按库存价值的20%计算,节约成本约3 600万美元。同期,美国钢铁公司的库存量从占资产总额的23%上升到27%,如果库存负担费用按库存价值的20%计算,结果是增加了约2 600万美元的库存负担费用。

一、任务描述

要做好管理库存记录、要对库存物品的数量进行控制,确保办公室工作"物畅其流",其关键环节是掌握库存控制卡的运用方法。

二、任务分析

（一）任务目标

了解库存控制的作用,掌握库存的定义,能够对订购、使用办公用品等环节实施科学管理。

（二）任务分析思路

深刻理解最大库存量、最小库存量和再订货量三个专业概念。

三、相关知识

（一）库存与库存控制卡

1. 库存的定义及范畴

库存，是仓库中实际储存的货物。它是为了保证企业、单位所消耗的物资能够不间断地供应而储存的。办公室的库存包括储存在运营中所需要的办公用品、消耗品、小型办公室设备等。虽然它不像生产库存那样，占用大面积的库房和资金，但也存在着库存管理。它是办公室正常运转的保证条件。

2. 库存的三个专业概念

（1）最大库存量是为防止物品超量存储而制定的该项物品的最大量，即一类物品应该存储的最大数量。

（2）最小库存量是为防止物品全部消耗而制定的该项物品的最小量。当库存余额达到这个水平时，必须采取紧急行动，检查是否已经订货。

（3）再订货量是当库存余额达到这个水平时必须订购新的货物来补充的数量。具体来讲，当库存余额达到这个水平时，必须订购新的货物来使库存余额达到最大库存量。可通过考虑需要多少物品才能保证业务的运行、平均使用量、物品交货的时间长短来确定这个数字。

3. 库存记录的目的

少占资金，减少存物，监督使用，监偷监损，充足库存，库存估价，物畅其流。

4. 库存控制卡的含义及内容

库存记录可以用手写，保留在库存控制卡上，或者在计算机中使用库存控制软件包、电子表格或数据库。无论使用什么系统，库存控制卡都是记录同样的信息，如表2-1所示。

表2-1 库存控制卡

项目 A4 打印用纸			库存参考号 C4			
			最大库存量 100 令			
单位 令（1 令 =500 页）			最小库存量 15 令			
			再订货量 25 令			
日期	接收			发放		
	接收数量	发票号	供应商	发放数量	申请号	个人/部门	余额

（1）项目——库存项目的准确描述，包括物品大小，颜色和数量，例如A4打印用纸。

（2）单位——货物订购、存储和发放的单位，例如令。

（3）库存参考号——每一库存项目的唯一编号，经常与存放位置相联系，例如C4意为柜子编号C，架板编号4。

（4）最大库存量、再定货量、最小库存量。

（5）日期——必须记录所有行为的日期。

（6）接收——记录所有接收信息，包括发票号和供应商的名字。在一些库存控制卡上，供应商的名字记录在卡片的前头，在这些情况下，物品的库存参考号可能就是供应商的目录号。

（7）发放——在这部分必须记录清楚发放物品的数量、发放物品的申请号和物品发给的个人或部门名称。

（8）余额——在每一次处理后计算物品库存余额。物品接收时在余额上加上接收的数量，物品发放后从余额中减去发放的数量。余额应该代表库存物品的实际数量，并用于进行库存检查。若发现差异要及时通知和报告给管理人员。

要保管好进货、存货和发放办公用品的记录与资料。

（二）办理办公用品的订购、进货、出货、保管

1. 订购办公用品

当一种办公用品的余额达到重新订购的水平时，应采取行动订购补充的物品。

（1）在小型组织中，库存控制人员应准备订货单并直接发送给供应商。

（2）在较大的组织中，所有办公用品的订购将由采购部门承担，库存控制人员填写采购申请，详细说明需订购的货物，并发送给采购部门，由它负责订购物品。

（3）选择订购方式：直接去商店购买，电话订购，传真订购，互联网订购。

小提示：要保留订货单，收到货物后，要与订货单一一核对。

2. 办理办公用品的进货手续

在收货物时，要及时办理进货手续，保证办公用品准确无误地入库、登记、检验、核对。

（1）核对交货单、订货单和通知单。在签字之前，应该检查货物数量和质量。

（2）发现数量不对时，应立即通知采购部门联系供应商。

（3）任何数量有出入都应通知采购部门，确保支付给供应商正确的款额。

（4）每一类货物的检索，都应记入库存控制卡的接收列中。

（5）在余额列中注明的物品数量，需要按新收到的数量如实增加。

（6）物品应正确存放，以使物品不损坏、浪费或被盗，以及消除各种安全隐患。

小提示：在接收货物时，送来的货物和接收的货物，数量和型号要完全一致。

（7）注意事项。

①储藏间或物品柜要上锁，确保安全。

②储藏间需要的面积取决于单位面积的大小。

③在储藏间或物品柜放置物品时，必须清楚地加标签，以便迅速找到物品和标明新物品应放置的地方；新物品置于旧物品的下面或后面；先来的物品先发出去，体积大、分量重的物品放置在最下面，以减少危险，小的物品、常用的物品应放在前面，易于找寻和领取；办公耗材和打印机用品，必须保存在安全的地方，以便在需要时能轻松找到。

④储藏办公用品的地方应有良好的照明，以便于找到所需物品。

⑤办公用品应保存在干燥和通风良好的房间中。若存放在潮湿环境中，将有可能导致纸张不能正常地送入打印机或复印机中。

⑥订立物品发放制度，确定物品发放人。

3. 办理办公用品的出货手续

制定专人负责制度，规定发放时间，审核物品申请单，即时做好出货记录。

4. 订购、进货、出货、保管办公用品的注意事项

（1）当某类物品的库存数量降到再订货量时，就应该订购补充的物品。物品的订购数量应该以剩余的库存量为基准，订购后的总数不能超过最大库存量。

（2）办公用品购买申请表必须经相关领导审核签字，说明需要该物品的理由和数量、型号等细节，经领导批准后将申请表交给采购人员。

（3）购买时应货比三家，对各供应商回应的报价单进行比较、筛选，填写正式的订货单并由相关领导签字后发送给选定的供应商，同时要复制一份给会计部门。

（4）收到供应商的货物后，要对照供应商的交货单和订货单的内容是否一致，并检查货物，查明货物的数量，确保质量符合要求。

（5）填写入库单时要仔细，货物入库时，库房管理人员要签字确认货物入库。

（三）库存控制与监督

要做好库存控制，就要确定好库存数量，即确定最大库存量、最小库存量和再订货量。

库存量过大则会增加仓库面积，提高产品成本，占用大量流动资金，影响资金的时间价值和机会收益，造成资源大量闲置，影响资源的合理配置和优化，不利于单位提高管理水平；库存量过小则会造成办公室服务水平下降，影响办公室的工作质量。

（1）加强对办公用品的库存控制与监督，要求保持进货卡、出货卡和库存卡三卡一致。

（2）检查实际库存，将库存中实际存放的物品余额与卡片上的余额相比较，看是否有出入，其目的是防止物品浪费和被盗。

（3）检查办公用品申请表和库存控制卡，从而了解各部门和某个人使用物品的情况。

（4）定期检查库存控制卡，了解库存物品的项目，最大、最小库存量和再订货量。

（5）做好库存监督。可以根据不同目的选择不同的监督类型、时间间隔，并采取各种库存监督行动。

①检查办公室用品申请表和库存控制卡，从而了解各部门和某个人使用物品的情况，其目的是防止办公室用品的过度使用，这种库存监督可以每两个月做一次。

②定期检查库存控制卡，了解库存物品的项目和最大库存量、最小库存量、再订货量，

其目的是了解由于单位的发展变化，在使用方式改变的情况下是否需要重新调整这些量；也要监督处理那些过期的和多余的物品。这种监督通常每年进行两次。

③检查实际库存，将库存中实际存放的物品余额与库存控制卡上的余额相比较，看是否确有出入，其目的是防止物品浪费和被盗；准确计算库存价值；剔除那些从未被申请使用的物品；发现和纠正库存控制卡上填写错误的内容。这种监督通常有规定的时间间隔，例如一年。

（6）库存控制管理注意事项：收到货物，立即办理进货登记，保证办公用品准确无误地入库、登记、检验、核对；出货时，实时办理出货手续，对发放什么物品，发放给谁了，哪些物品还有存储等内容做好记录。

（四）办公室库存管理

办公室库存管理也可以称为库存控制。办公室库存管理是为了保持办公室工作的连续运行不致中断，对各种办公用品和其他资源进行管理和控制，使其储备保持在经济、合理的水平上的活动。

办公室库存管理的主要作用是：在保证办公室工作物畅其流的前提下，使库存量保持在合理的水平上。适时、适量地订货，减少库存占用空间，降低库存总费用；控制库存占用资金，加速资金周转。

小提示：安全库存是指为应对需求和交付时间的多变性而持有的超过平均需求量的库存。

四、技能训练

（一）基本训练

（1）简述如何办理办公用品的进货手续。

（2）简述如何办理办公用品的出货手续。

（二）案例分析

根据导引案例"数字的折射"，谈谈你是怎样看待库存控制的重要性的。

（三）能力拓展训练

资料：

库存控制卡妙用

高宇初到办公室工作，在管理办公用品时曾经手忙脚乱：同事急着要复印明天参展的资料，却发现储物间中的复印纸已所剩无几；每次购买办公用品时，不知道到底该买多少才能既够用又不造成闲置；还有的同事三天两头来领同一种物品……后来，高宇认真学习了有关办公用品库存管理的知识，为每类办公用品制作了库存控制卡，加强了对办公用品的管理和监督，成为了办公用品库房的好管家，深得领导和同事的好评。

结合资料,谈谈库存控制卡的作用,并将你设计的库存控制卡展示出来。

五、任务成果展示

设计一份你所在单位的办公室物品库存控制卡。

建议:参考本节提供的库存控制卡模板。

第三节 办公用品与设备的采购管理

导引案例

流程推进规范化

填写购买申请表→部门主管签字→财务主管签字→选择供应商→签订供货合同→入库登记→支付货款→发放。

这是办公室主管高宇制定的办公用品采购流程。自从执行以来,过去办公室采购人员在购买办公用品时较为随意,经常自作主张,有时甚至没有进行入库登记就直接发放了的现象被杜绝了。在高宇的努力下,单位办公用品的采购管理逐渐规范了起来。

一、任务描述

通过本节的学习,了解获取办公用品与设备使用权的两种渠道,能够按照程序采购办公用品与设备。

二、任务分析

(一)任务目标

能够制定采购办公用品与设备的预算方案,了解办公用品采购的流程,能够正确选择供应商,掌握办公用品与设备采购和管理的方法。

(二)任务分析思路

从单位经营的目的入手,围绕办公室管理成本支出等问题探索办公用品与设备的采购技巧。

三、相关知识

(一)办公用品与设备的来源渠道

获取办公用品与设备使用权的渠道有购买和租用两种,其优缺点为:

(1)购买。优点是为组织增加固定资产,使用方便。缺点是单次费用过高,设备难更新。

(2)租用。优点是最初投入费用低,并能被获得的利润补偿,便于更新换代。缺点是常年租用费用过高,提前终止合同会有很高的赔偿。

小提示： 租用协议中应包括办公用品与设备的维护、修理。

（二）办公用品与设备的采购

1. 采购流程

（1）由需要购买货物的人填写单位内部的购买申请表并签字，经过部门领导批准后交给采购人员。

（2）由采购人员向供应商发出购买需求，各供应商会返回对应的报价单或估价单，经过采购人员比较、筛选，填写正式的订货单并签字，发送给选定的供应商。该订货单需要被授权人，即单位高级主管签字批准，同时要复制一份给会计部门，表示开始购货并准备付款。

（3）当收到供应商的货物后，要对照交货单和订货单检查货物，查明货物的数量、质量、型号、外观是否符合要求，将签收后的交货单送会计部门。

（4）采购人员填写入库单，货物入库，库房管理人员要签字，表示货物进库。

（5）会计部门收到发票后，对照交货单、入库单和订货单，三单货名、数字应当相符，经财务主管签字批准后，支付款额。

2. 选择供应商需要考虑的因素

（1）价格和费用：比较不同供应商的要价（初次洽谈的价格）。

知识链接： 寻找降低价格的方法，如批量购买、节日削价或将其指定为唯一的办公用品供应商，但注意一定不要购买质量存疑的产品；购买后还要考虑费用的支出问题，如因占用空间产生的费用，因存储物品报废产生的费用，因存储物品过多产生的费用。

（2）质量和交货：比较购买的物品是否能满足需求；是否能保证质量；供应商的交货时间是否准时；供应商是否能说到做到。

（3）服务和位置：比较供应商是否能为客户提供便利的服务；供应商所在地点是否方便联络和交货。

（4）安全和可靠性：比较在整个送货过程中，供应商是否能保证货物的包装、存放、运输和交货安全；供应商卖货手续及相关发票是否齐全，如查对订货单、交货单等；要仔细比较供应商的报价单、订货单、交货单和发票是否一致。

（5）规模与信誉度：比较供应商的规模大小；经商史上的信誉度如何，如为客户保密的可靠性等。

（三）制定办公用品与设备的采购预算方案

1. 制定采购预算方案的原则

（1）真实性原则：指以市场调查为依据，力求各项数据真实、准确。

（2）重点性原则：指在预算编制时，先编制重点、急需项目，后编制一般项目。

（3）目标相关性原则：指采购用品应与办公活动的任务目标相关。

（4）经济合理性四项原则：指预算应经济合理，提高资金的使用效率的相关原则。

2. 采购预算方法

（1）传统预算法是指承袭上年度的经费，再加上一定比例的变动而制定的预算方法。传统预算法的核算方法比较简单，核算成本低，它的前提是上年度的每项支出均为必要的。

（2）零基预算法又称零底预算，其全称是以零为基础编制预算的方法。它不考虑以往的情况，只从实际情况上研究和分析每项预算是否有支出的必要和支出数额的大小。零基预算法能够避免内部各种随意性费用的支出，有利于将组织的长远目标和具体目标以及要实现的效益有机结合起来，有利于提高管理人员的控制与决策水平。

3. 采购预算方案的内容

预算的项目名称，预算的目标，需要的办公用品与设备名称，采用的预算方法，测算的依据，支付预算的标准。

4. 制定采购预算方案的一般程序

确定预算基数→调研→确定采购的产品→编写预算方案→修改完善方案。

5. 制定采购预算方案的注意事项

制定采购预算方案时要注意：制定方案前一定要进行调查研究，根据单位实际工作需要选配合适的产品，要购置的办公用品与设备必须是当前或预期所必需的，事先安排好要购置的办公用品与设备所放置的位置，慎重选择供应商，注意征求各方面的意见，等等。

（四）申请办公用品与设备的采购费用、报销结算的流程

填写费用申请表→签字审批→领取采购费用→费用报销。

（1）申请人提交费用申请报告或填写费用申请表。说明需要经费的人员、时间、用途、金额等情况，并亲自签字。

（2）签字审批。报告或申请表必须经过单位确定的授权人审核同意。

（3）领取采购费用。一种情况是将获得批准的报告或申请表提交财务部门，领取支票或现金借款；一种情况是先由申请人垫付。

（4）费用报销。申请人应将发票附在"报销单"后面，签字后提交出纳部门，由出纳部门根据实际的支出情况进行结算。如果是先由申请人垫付的，在提交票据和"报销凭单"后，方可返还现金。如果计划的费用不够，需要超支时，应提前向有关领导报告，在得到许可和批准后，超支的部分才可得到报销。

（五）政府采购

（1）政府采购的主体：包括采购机关和供应商。

（2）政府采购方式：公开招标、邀请招标、竞争性谈判、询价、单一来源。

（3）招标程序：发出招标公告或招标邀请→编制招标书→修改和澄清招标书→编制投标书→开标→评标→确定中标人并发出通知→在确定中标人之日起15天内向政府财政部门提交招标投标情况书面报告。

（4）政府采购合同：国家财政及省级政府财政部门为政府采购的管理机关，负责对政府采购合同的监督和管理。

四、技能训练

（一）基本训练

简述如何选择办公用品与设备的供应商。

（二）案例分析

结合导引案例"流程推进规范化"，讨论制定办公用品与设备采购流程的实际意义是什么。

（三）能力拓展训练

思考：怎样进行网上办公用品与设备的采购，并简述具体的操作步骤。

五、任务成果展示

你所在的办公室要新添置3台电脑，请拟定一份采购预算方案。

本章小结

本章从办公用品的合理发放和办公设备的正确使用、掌握库存管理方法、掌握办公用品与设备采购这三个方面对办公用品管理进行了阐述。认识常用的办公用品、辨析办公用品和易耗品的范围是办公室工作人员必须拥有的基本常识；掌握发放办公用品的工作程序是办公室工作人员必须具备的基本能力；办公设备的使用规范和办公设备的使用维护方法是办公室工作人员必须掌握的。另外，本章还要求大家理解库存中的三个专业概念；能够对办公用品库存进行控制与监督；掌握办公用品与设备的订购、进货、出货、保管方法。

第三章

政务性工作实务

教学目的与要求

- 了解：办公室信息素养
- 理解：办公室辅助决策工作的作用
- 掌握：辅助决策的原则、方式，办公室调查研究工作的方式方法，办公室督查工作的原则与技巧

第一节 办公室辅助决策工作

导引案例

办公室成功的辅助建议

1988年年底，××县分管农村经济工作、城市经济工作、精神文明建设工作、党建工作、政法工作等各方面工作的县委、县政府领导，都要安排自己的部门筹备召开先进个人表彰大会。县委办公室了解了情况后，即向县委领导建议，召开全县三级干部"双先"（有突出贡献的先进集体和个人）表彰大会，以研究工作为主，具体的"双先"表彰内容则主要刊登在县报上。这一建议经县委常委、县长联席会议讨论后被采纳。这样做，减少了与会人员数量，节省了会议经费，议题集中，效果很好。

一、任务描述

辅助领导做决策不是一件简单的事，它对办公室工作人员的综合素质、整体水平有高标准的要求。

二、任务分析

（一）任务目标

理解辅助决策的特点及要求；掌握辅助决策的方式和任务、辅助决策的作用和原则，充分发挥办公室的职能作用。

（二）任务分析思路

从办公室的定位、定向、定性等角度学习相关知识。

三、相关知识

（一）辅助决策的含义及要求

1. 辅助决策的含义

决策是人们在认识世界、改造世界的过程中的一种选择性活动，通过筹划、分析、比较，选择最优方案，以达到预期的目标。决策离不开辅助力量。

辅助决策，是指工作人员或部门协助领导制定和实施决策的过程。办公室的辅助职能是由办公室的定位、定向、定性决定的。

2. 辅助决策的要求

办公室在辅助决策时要综合反映单位的工作动态和发展状况，为领导决策提供参考性意见；为机关各部门和本单位的领导及所属基层单位做好服务工作。

知识链接： 我国古代的谋士、谏官和幕僚，以及当今各国的智囊团、思想库等，都是决策的重要辅助力量。

（二）辅助决策的特点

（1）时效性：指办公室工作人员提供信息要讲究高效率，尽可能快捷地提供正确的"加工信息"，以便领导及时做出正确的决策。

（2）同层次性：指办公室工作人员对领导决策的辅助，是与领导站在同一层次上的全局性辅助。

（3）全过程性：指办公室工作人员对领导决策的辅助，不只是参与领导决策的某一活动，而是参与从领导决策意图的萌发到决策的实施、总结的全过程。

（4）综合协调性：指在众多的决策辅助机构和部门中，办公室工作人员和办公室部门担当着综合协调的辅助角色。要发挥"三大作用"，即发挥联系作用、综合评估作用、组织协调作用。

（三）辅助决策的作用和原则

1. 辅助决策的作用

辅助决策是对领导工作的"搭台补台"；辅助决策是转变办公室职能的"现实需要"；辅助决策是造就现代化办公人才的"有效途径"；辅助决策是提升办公室人才综合能力的"素质媒介"。

2. 辅助决策的原则

（1）定位原则：在决策过程中，办公室工作人员始终要将自己置于辅助决策的位置上，一切从"谋"的地位出发，做好谋而不断，或只谋不断。

（2）超前原则：一句话，就是要争做"事前诸葛亮"。

（3）系统原则：办公室工作人员在辅助决策时，要有全局观念和整体思维，要善于观察和把握决策的内外环境，以及各种关系的发展和变化。

（4）信息原则：在决策的各个阶段及每个环节上，办公室工作人员都要十分重视信息工作，为领导搜集、加工、整理和提供有价值的信息。

（5）进谏原则：办公室工作人员应本着对事业、对单位负责的精神，实事求是地向领导进言，直言不讳地提出自己的意见和建议。

（四）辅助决策的方式、过程和任务

1. 辅助决策的方式

一是要提供准确、全面、有效的信息；二是要提供可行的预选方案。

2. 辅助决策的过程

决策形成前服务式辅佐→决策形成中协助式辅佐→决策执行中协调式辅佐→决策效果评估中鉴戒式辅佐。

3. 辅助决策的任务

在决策的不同阶段，辅助决策的任务各不相同。

（1）在决策的准备阶段：征询群众意见，搜集决策信息。

（2）在决策的制定阶段：提供决策依据，提出决策建议。

（3）在决策的审批阶段：撰写决策报告，编制实施计划，落实行动措施。

（4）在决策的执行阶段：协助决策试验，提供反馈信息。

（5）在决策的总结阶段：撰写总结报告，评估决策落实情况。

（五）辅助决策任务的承担者

辅助决策任务的承担者一般包括信息或情报部门、调查或研究部门及监督或检查部门。有的单位的办公室可能并未设置上述部门，则必须指定相关工作人员具体承担相应的任务。

四、技能训练

（一）基本训练

（1）简述辅助决策的特点及要求。

（2）简述辅助决策的作用和原则。

（二）案例分析

结合导引案例"办公室成功的辅助建议"，谈谈你认为在辅助决策过程中有哪些禁忌。

（三）能力拓展训练

资料：

杨修之死

杨修是三国时魏军行军主簿，即为曹操掌握簿籍与文书的官员，相当于现在的政府秘书长。此人才思敏捷，头脑灵活，颇具才华。《三国演义》中载有几则关于他的小故事：

一则是曹操去看新建的花园，在门上写了一个"活"字，众人皆不知其意，杨修说："门内写活，乃阔字也，丞相是嫌门阔了。"曹操知道后，口虽称美，"心甚忌之"。

二则是塞北送来一盒酥，曹操在盒上写了"一合酥"三个字，杨修即"取匙与众人分食"。曹操问其原因，杨修说："丞相已写明一人一口酥。"曹操"虽喜笑，而心恶之"。

三则是曹操欲试曹丕和曹植的才能，杨修却多次为曹植出谋划策，使曹操认为杨修与曹植联合起来欺骗自己，于是就有了杀杨修之心。最后，当曹操兵退斜谷，前被马超所拒，退又恐蜀兵讥笑之时，传出夜间口令为"鸡肋"。杨修见状便叫将士们收拾行装，准备归程。众人不解，问其故，杨修说："从今夜口令，便知魏王退兵之心已决。鸡肋，食之无味，弃之可惜。今进不能胜，退恐人笑，在此无益，不如早归。魏王班师就在这几日，故早准备行装，以免临行慌乱。"最终，曹操以惑乱军心罪杀了杨修。

结合上述材料，请你从办公室工作人员为领导正确地辅助决策和执行决策服务、始终处于辅助位置的角度出发，讨论办公室工作人员应如何把握参谋的有效时机？

五、任务成果展示

举例论述辅助决策的方式和任务。

第二节　办公室调查研究工作

导引案例

【案例1】全面调研提纲

关于本市外来人口管理模式的调研提纲

一、调研目的
通过对本市外来人口状况的调研，研究适合外来人口管理的模式。
二、调研时间、地点（范围）安排
（略）
三、调研内容
（1）外来人口基本情况（总数、性别、学历、年龄结构、来源地分布、从事工作行业）；与本市社会的融合程度、权益保障、对城市管理的适应性等情况；给本市经济社会发展和城市管理带来的利与弊。
（2）本地居民对外来人口的看法与评价。

（3）管理外来人口现行的方法模式及其优缺点。
（4）政府职能管理机关、外来人口群体对现行管理模式的意见和建议。

四、调研方法

（1）根据调研内容设定相应的指标，并根据指标进行问卷设计，采用抽样问卷调查法搜集相关的数据。
（2）采用典型调查、个案调查和随机访谈的方法搜集相关的资料、情况和数据。
（3）查阅相关的文献资料。

五、调研经费预算

（略）

六、调研结果分析

（1）针对搜集到的数据，采用SPSS（Statistical Product and Service Solutions）、SAS（Statistical Analysis System）等统计软件（或者其他统计分析方法）进行分析。对调研搜集到的其他资料进行综合、归纳、分析。
（2）对本市管理外来人口现行方法模式的利弊进行分析、评价，提出改进外来人口管理工作的建议。
（3）形成调研报告。

【案例2】内容调研提纲

关于本市外来人口管理模式的调研提纲

一、外来人口生存、生活的基本情况
（1）外来人口总数、性别、学历、年龄结构、来源地分布、从事工作。
（2）外来人口与本市社会的融合程度、对本市管理的适应性等情况。
（3）外来人口的权益保障（居住、生活、工资、就医、子女就学等）。

二、外来人口对本市发展的贡献
（1）外来人口给本市经济社会发展带来的利与弊。
（2）外来人口给本市管理带来的利与弊。

三、本地居民对外来人口的看法与评价
（1）不同阶层、背景的居民的看法。
（2）整体评价。

四、管理外来人口现行方法模式及其优缺点
（1）户籍管理。
（2）工资、安全、医疗保障。
（3）治安管理。

（4）职业技能培训和文化教育方式。
（5）子女义务教育管理。
五、有关方面对现行管理模式的意见和建议
（1）政府职能管理机关的意见。
（2）外来人口群体意见。
（3）本地居民群体意见。
六、改进和完善对外来人口管理的对策、建议
（略）
七、完成以上调研的时间要求
（略）

调查研究（以下简称为"调研"）是实施领导和管理的重要工作环节，也是党政机关、企事业单位办公室的一项重要工作。

一、任务描述

明晰调研与调研报告的概念；在理解调研内涵的基础上，掌握办公室调研的特点和原则；熟练掌握调研的过程（三个阶段）；正确撰写调研报告，从而发挥办公室的参谋和助手作用。

二、任务分析

（一）任务目标

了解调研的过程（三个阶段），理解调研与调研报告的概念，掌握办公室调研的特点和原则，能够正确撰写调研报告。

（二）任务分析思路

抓住调研的过程（三个阶段），把握相关调研的原则、特点、注意事项。

三、相关知识

（一）办公室调研工作与调研报告

1. 调研的含义

调研是指通过各种途径，运用科学方法，有计划、有目的地对特定的社会现象进行实地考察，了解其发生的各种原因和相关联系，从而提出解决社会问题对策的活动。

2. 调研的内涵

（1）调研是"调查"和"研究"的简称。"调查"和"研究"是两个不同的概念。调查是研究的前提和基础，研究是调查的发展和深化。具体来说，研究是探求事物的真相、性质、规律，考虑或商讨（意见、问题）的活动。

（2）调研就是通过系统周密的调查，获得丰富的信息，并经过去伪存真、去粗取精、由此及彼、由表及里地对某一问题或社会现象进行考察了解和综合分析，从而使感性认识上升到理性认识，最终得出正确的结论以指导实践的工作过程。

（3）调研的目的在于解决问题。

3. 调研报告的概念

调研报告是对某一问题或某一事件经过调研后，将调研结果从感性认识上升到理性认识而写成的书面报告。它是一种应用文体。

（二）办公室调研的意义

（1）调研是杜绝理论僵化，提升理论创新的根本途径。

（2）调研是谋事之基、成事之道，是科学决策的前提条件。

（3）调研是思想进步、与时俱进地了解情况、解决问题的客观要求。

（三）办公室调研的特点

从办公室工作的性质和内容来看，办公室调研具有真实性、实践性、针对性、时效性、突击性、科学性、综合性和政治性等特点。

（四）办公室调研的原则

（1）尊重客观事实原则：指调研中应尊重客观事实，在真实准确上下功夫，一切从实际出发，实事求是，准确地反映客观事实。

（2）结论后于调研原则：强调调研人员不要把领导的某种意见或书本上的东西当作既定的结论，或在调研之前仅仅凭自己的经验和认识，形成一个主观臆断的结论。要把调研的过程变成为证实结论而搜集、寻求依据的过程。

（3）实践性原则：必须把调研同所要解决的问题紧密结合起来，预测事物发展的可能倾向，把握发展趋势。

（4）群众性原则：是指进行调研，必须走群众路线，相信人民群众，依靠群众。

（5）综合性原则：是指调研应多方位、多角度、多层次地综合进行。一种社会现象、一个社会事实，都不是孤立存在的，而是多层面、多方位的。

（6）辩证分析原则：必须始终采用正确的观察和思维方法，做到全面、及时、准确、深入地了解实际，并能发掘事物的本质特征和基本规律。

（7）遵循八项规定原则：要改进调研方法；到基层调研要深入了解真实情况，总结经验、研究问题、解决困难、指导工作；向群众学习、向实践学习，多同群众座谈，多同干部谈心；多商量讨论，多解剖典型；多到困难和矛盾集中、群众意见多的地方去；切忌走过场、搞形式主义；要轻车简从、减少陪同；简化接待，不张贴、悬挂标语横幅，不安排群众迎送，不铺设迎宾地毯，不摆放花草，不安排宴请。

（五）办公室调研的种类

（1）按调研范围、调研方式分，有综合性调研和专题性调研。

（2）按目的、作用、内容分，有情况调研、事件调研、经验调研和问题调研。

(3) 按照调研的区域分,有本地调研、外地调研和出国调研。
(六)办公室调研的过程
办公室调研大体上可分为三个阶段,即准备阶段、实施阶段和完成阶段。
1. 调研工作的准备阶段
(1) 准备调研内容:
①确定调研课题:领导提出、有关部门确定、调查者自选。
②选题要求:既要注重现实意义,又要具有前瞻性;既要注重领导和群众关注的当前工作和社会生活中的重点、热点、难点问题,又要注重易被公众忽略而又十分重要的冷门问题。
③选题原则:价值原则、可行原则、适量原则、新颖原则。
(2) 调研课题的审定:
一般调研课题由机关单位或者授权调研部门的领导审定批准;重点调研课题可以采取申报、委托或招标等形式,经专家评审、领导批准来确定。
(3) 成立调研小组,确定调研人员:
成立调研小组时要考虑的因素包括,成员应具备良好的政治业务素质;有调研需要的专业能力或专家成员;有丰富的调研经验;注意新老搭配,以便成员相互取长补短;少而精,避免人浮于事。

小提示:成立调研小组适用于大型而特别重要的调研活动。

(4) 调研任务前的准备工作:
学习和掌握与课题相关的党和国家的方针、政策、规定等;查阅与课题相关的研究成果和文献资料;学习与课题相关的自然科学和社会科学知识;了解与课题相关的背景资料。
(5) 明确调研各阶段的任务和要求:
①调研的初期,要求明确调研对象的性质和发展方向。
②调研的成长期,应当明确如何使调研对象进一步发展,主要是理清思路、摆明措施。
③调研的成熟期,应当讲清楚如何使事物进一步完善提高。
④调研的末期,拟定调研提纲。调研提纲的内容,主要包括调研的目的、要求,调研的对象、范围和方式方法,调研的时间、步骤和过程,调研的人员组织与注意事项,调研经费的预算等。
调研提纲分为全面调研提纲(如导引案例中的案例1)和内容调研提纲(如导引案例中的案例2)。
2. 调研工作的实施阶段
实施阶段是调研工作的中心阶段。其实施步骤为:确定调查方法,搜集、整理调研材料,综合分析调研材料。

(1) 调查方法主要包括全面调查法、重点调查法、典型调查法、抽样调查法、问卷调查法、观察法、试点调查法、开会调查法、访谈法、网络调查法、BS（Brain-storming，头脑风暴）法、专家调查法、哥顿法等。

小提示：各调查方法常综合、交替使用。

(2) 搜集、整理调研材料，要求全面、系统、丰富、充分、多多益善。
(3) 认真分析调研材料，综合提炼调研成果。

3. 调研工作的完成阶段

本阶段的主要工作是撰写调研报告，其中包含确定主题、选用材料、拟写提纲、按纲写作、修改定稿五个步骤。

(1) 确定主题：主题要正确、新颖、鲜明、集中、有一定高度。
(2) 选用材料：材料要具有典型性、生动性、新颖性、多样性和准确性等特点。
(3) 拟写提纲：注意观点和材料、大纲和细目的统一，如"导引案例中的案例1"。
(4) 按纲写作：调研报告版面结构模式，如表3-1所示。

表3-1 调研报告版面结构模式

标题	分单标题和双标题（即正副题）
前言	也叫导语，介绍调研目的、原因、时间、地点、对象范围、调查方法等
正文	正文开头有开门见山、结论先行、提出问题等方式；论述结构有纵式、横式、纵横式等
结尾	概括全文，形成结论，提出看法和建议
附件	包括数据汇总表、原始资料、背景材料、必要的工作技术报告等
调研时间	（略）

(5) 修改定稿：检查所用资料是否有误、观点是否明确、语言是否流畅、有无错别字、标点使用准确与否等。

（七）调研成果的运用阶段

1. 调研成果的转化
(1) 转化的目的：引起领导重视，进入决策程序，唤起社会关注。
(2) 转化的途径：政务信息渠道、民意反馈、新闻媒体稿源。
(3) 转化的形式：依据调研成果撰写正式文件，纳入领导讲话稿，作为领导或上级单位的决策依据和参考，结集出版或借助媒体宣传。

2. 调研工作评估总结

评估总结是用科学的评价来代替个人的随意判断，其目的是检视调研的得失、提高调研的水平。调研工作评估总结的内容有：调研成果反馈、调研成果评估、调研工作总结。

（八）开展调研工作的注意事项

（1）调查阶段：端正调查态度，摆好调查者的位置，虚心向被调查者学习，当好"小学生"；深入基层，掌握第一手材料，不偏听轻信；搜集的资料越多越好。

（2）研究阶段：用辩证的观点对待每个材料；精心挑选最典型的材料，做到"以一当十"；善于发现典型细节；围绕调研目的挖掘材料的本质并提炼出规律性问题；及时补充相关材料。

（3）写作阶段：符合调研报告写作格式，做好观点与材料的统一，突出写作重点，做好报送工作。

四、技能训练

（一）基本训练

简述调研活动的过程。

（二）案例分析

资料：

600多名麻风病人从何而来

××市机关办公室抽调一些办公室工作人员组成一个调研工作组，下基层进行卫生工作调研。在调研过程中，他们了解到这样一个情况：有大批麻风病人从周围的几个地区流入该市，其中该市的一个县在两年多时间内就流入麻风病患者600多人。这个情况引起了调研工作组的高度重视。他们就此进行了认真细致的分析，认为麻风病是一种慢性传染病，传染速度不会这么快，更不可能在短期内增加这么多的麻风病人。同样，其他省市也不可能让这么多的麻风病人到处流窜。为了弄清情况，他们又做了进一步的调查了解，结果发现，原来是一些不法之徒为了骗取民政部门的钱物，假冒麻风病人流窜骗钱。

通过这个案例，说明办公室工作人员在调研中应注意哪些问题？

（三）能力拓展训练

××集团领导接到群众举报，下属分公司有漏税现象，集团主要领导几次就此问题做出批示，但落实难度较大。如果你受命就此问题进行调研，你知道主要的调研程序是什么吗？

五、任务成果展示

设计一个项目调研活动。

建议：根据本节介绍的"办公室调研的过程"进行设计。

第三节　办公室督查工作

导引案例

立项督查活动

1993年年底，××县经反复论证，结合本县实际情况，制定了"一城四基地"的发展规划。"一城"是把县城建设成为某市的卫星城。"四基地"是把该县建成糖业、建材、水果和畜牧水产基地，到2000年力争甘蔗种植面积达45万亩，原料蔗产量180万吨，糖产量20万吨；水果产量18万吨；肉类产量3万吨；水产品产量1.38万吨。

为了实现上述目标，该县先后制定了关于加快甘蔗、水果和农业综合开发等三个决定，制定了一系列政策和具体措施，鼓励农民、机关事业单位积极参与各项开发事业，促进基地的建立和发展。县委督查室则切实围绕县委的中心工作，协助县委抓好各项决策的落实，特别要把甘蔗生产作为重点，开展立项督查活动。一是将甘蔗生产任务落实到各乡镇，并层层签订责任状，向上级交纳风险抵押金。二是加强跟踪督查和情况反馈。在1995年内就组织有关部门开展了三次督促检查，并及时做好反馈工作。三是协调有关部门及时解决工作中出现的各种问题，推动决策的落实。

该县的这次立项督查活动，由于重点突出，形式灵活多样，效果十分显著。1994年，该县蔗糖产量在全国排名第10。1995年，甘蔗种植面积已达29万亩，原料蔗产量达120万吨，产糖7.38吨。甘蔗生产已成为全县经济发展的支柱产业，生产基地的规模已形成。

一、任务描述

督查部门已成为党和政府的重要工作部门。在实施督查时，紧扣党和政府的中心工作，把握全局，突出重点，一抓到底，使这项工作走上制度化、规范化、科学化的轨道。

二、任务分析

（一）任务目标

了解督查工作的任务及职责、督查部门的工作权限，理解督查工作的含义，正确掌握督查工作的方法、程序。

（二）任务分析思路

了解督查工作的地位，围绕督查工作的作用进行学习。

三、相关知识

（一）督查工作的含义

督查即督促检查，是各级党委、政府或其他决策部门按照一定的程序和规范开展的，对各项决策目标的贯彻执行情况进行检查的一项经常性工作。

知识链接： 督查工作可由决策机关的负责人分工进行，也可由决策机关委托其下属某一个工作部门进行。

"督促"包含有监督、催促、推动的意思，"检查"包含有检验、巡察、查看、查究的意思。督查是针对贯彻落实决策而言的，没有决策，就没有督查。

（二）督查工作的地位和作用

1. 督查工作的地位

督查是重要的领导行为；督查是重要的领导方法，是确保领导决策落实的有效手段；督查是办公室的重要职责；开展督查工作是我们党全心全意为人民服务的宗旨的体现；开展督查工作是我们党思想路线和工作作风的要求；开展督查工作也是领导工作性质的必然要求。

2. 督查工作的作用

抓决策落实是实现科学领导的关键。办公室通过开展积极有效的督查工作，可以对决策的落实起到推动作用、加速作用、反馈作用、控制作用、监督作用、协调作用、推广作用、验证和评估作用；有利于改进领导机关的工作作风；有利于更好地发挥办公室的参谋作用。可见，督查工作不仅是通过实践把决策变为现实的一座桥梁，也是进一步补充、完善、发展原有决策，进行再决策的一个重要环节。

（三）督查工作的原则

督查工作的原则包括：依法督查、实事求是、授权工作、突出重点、分层落实、讲求时效、督查与帮办相结合。

（四）督查工作的流程、范围和职责

1. 督查工作的流程

（1）决策部门进行督查工作的流程：明确督查责任和分工→组织督查活动→开展督查调研→提出修正决策的意见→通过决策程序修正和完善不适当的决策。

（2）办公室进行督查工作的流程：交办→立项→登记→转办→承办→催办→检查→办结→办结回告→审核→立卷→归档。

2. 督查工作的范围

督查工作的范围包括：上级决策，本级决策，专项工作督查，领导批交办件，热、难点事件查办，政协提案，人大议案，建议办理工作，围绕重大决策开展督查调研。

3. 督查工作的职责

（1）决策部门督查工作的职责：抓好对上级方针、政策和重要工作部署的落实；抓好上级重要文件、重要会议决议和重大决策、重要工作部署的落实；抓好上级领导同志重要指示、批示及交办事项的落实；抓好本级党代会、人代会、全委会等重大决议、决定事项的落实；抓好对本地区突发事件和热点、难点的落实；协助抓好对下级班子及干部的政绩考评。

（2）决策者督查工作的职责：抓好各自分管工作决策事项的落实；抓好上级领导重要指示、批示、交办事项的落实；抓好本级党政主要领导重要指示、批示、交办事项的落实；抓好各自分管工作中突发事件和热点问题的落实；抓好对各自分管工作领导班子及干部的政绩考评。

（3）督查工作部门的职责：协助领导机关抓好党和国家方针、政策、指示、决定的贯彻落实；协助领导机关做好党中央、国务院和上级、本级党委、政府重要文件、重要会议决议、决定和重大决策、重要工作部署的贯彻落实；做好中央和上级、本级党委、政府领导同志重要指示、批示及上级领导机关交办事项的落实；做好本级或上一级人大代表、政协委员提出的需由本级机关答复的有关议案、提案、建议的办理工作；对涉及本地区、本部门在工作中存在带普遍性的热点、难点问题开展督查工作；协助、组织部门开展本级管理部门的班子和干部的政绩考评；抓好本级领导机关及领导交办事项的落实。

（五）督查部门的工作权限及方式

（1）督查部门的工作权限：组织协调权、参与工作实绩评议权、干部使用建议权、协助领导决策权。

（2）督查部门的工作方式：现场督查、会议督查、书面督查、电话督查、互联网督查。

（六）督查工作的内容

督查工作的内容包括：上级领导和本单位上司批示进行督查的事项；上级直属单位的重要工作部署与重要会议精神的贯彻落实情况；本单位的中心工作、重要会议及文件决定事项的贯彻落实情况；新闻媒体和重要客户对本单位的批评、建议的答复与处理情况；人大代表、政协委员以及职代会、股东会的议案、提案和建议的办理情况；下级单位请示事项的答复与办理情况，以及基层请求上级机关帮助解决问题的办理情况；办公室在日常工作中发现和了解到的、提议列入专项督查，并经领导批准的重要事项。

四、技能训练

（一）基本训练

（1）简述督查工作的任务及职责。

（2）简述督查工作的内容。

（二）案例分析

请你谈谈导引案例"立项督查活动"的成功原因是什么？

（三）能力拓展训练

有人说：唐太宗李世民以人为镜，纳谏魏征，成为一代明君。在现实生活中，知"长"

易而知"短"难。谈谈你是怎样理解这一观点的。

五、任务成果展示

资料：

督查的效力

1996年年初，广西壮族自治区召开农村工作会议贯彻中央农村工作会议精神。会后，自治区党委办公厅就如何贯彻落实中央农村工作会议精神抓好春耕生产立项督查。

督查的基本程序：

一是进行督查立项，下发了《关于对抓好春耕生产和当前农村工作有关问题进行立项督查的通知》（桂办督字〔1996〕6号）。

二是明确规定督查活动的起讫时间、期限，要求在一定时间内将落实情况、存在的问题及对策，写成书面材料上报。

三是要列出督查的具体内容并明确规定各地领导要逐项加以检查，找出存在的问题，限期解决。

四是将各地督查汇报材料综合整理，以督查专报形式上报中央和自治区党委有关领导。这次督查，引起了各级领导的高度重视，使春耕生产的重大方针政策得到了有力的贯彻落实，效果良好。

根据资料回答：

在督查过程中，广西壮族自治区各级党政领导及各有关部门及时召开农业专家会议研究对策，制定和采取有力措施，加强对农业生产的领导，抓各项措施的落实，使1996年的春耕生产变被动为主动。其中的具体做法（表现）是什么？

第四节 办公室信息工作

导引案例

煮熟的"鸭子"为什么飞了？

××贸易公司总经理办公室的行政助理李丽聪明能干，在公司深受重用。她经常与××公司总经理办公室的行政助理陈珍妮在一起游玩。这两家公司都进行皮革进出口贸易。虽然两人的性格完全不一样，李丽热情开朗，乐于助人，陈珍妮温柔沉静，内向含蓄，但两人是几乎无话不谈的好朋友。

一次闲聊时，陈珍妮说最近的心情不太好，因为公司生意一直不佳，总经理急得茶饭不思，并且常常把气出在她身上。李丽说："你也不要太在意，我们做助理的要自己调节心情。我们公司的成绩倒不错，我们经理在今天上午就签订了一个合作意向书，价值上千万元。如果这笔生意做成了，可以赚一百多万元。我没法告诉你详细情况，这次谈判非常顺利。"李丽一边说，一边沉浸在谈判成功的喜悦之中。

过了几天，李丽跟随总经理去白天鹅宾馆与德国××贸易公司代表团签订正式合同，过了约定时间，还不见代表团的影子。后来该公司常驻中国代表打来电话说："代表团已于昨天回国，在昨天上午与贵市的××公司签订了购货合同，价格相较贵公司低10%。"

××贸易公司上下都非常沮丧，李丽更是懊恼无比，她懊悔没有提醒总经理及时采取行动，也责怪自己没有及时注意德国代表团的动向。令她百思不得其解的是：××公司是怎样获取德国代表团的情报的？他们是如何抢走生意的？

一、任务描述

办公室的服务职能决定了办公室的信息是为领导决策提供的主要参考信息，又称政务信息。

二、任务分析

（一）任务目标

掌握办公室信息工作的程序；办公室信息整理、存储、传递、反馈、公开的程序；办公室信息公开的原则。

（二）任务分析思路

在明晰办公室信息的作用的基础上，辨析办公室信息类型的划分，掌握办公室信息的来源、相关程序及要求。

三、相关知识

（一）办公室信息工作的概念、作用和要求

1. 办公室信息工作的概念

办公室信息工作是政务活动中反映政务工作及其相关事物的情况、资料、数据、图表、文字材料和音像材料等的总称。办公室信息是信息的一个重要门类。

2. 办公室信息工作的作用

办公室工作人员只有增强信息意识与信息获取能力，做好信息工作，积极开发、利用信息，才能保证管理的科学性和工作的有效性，从而获得更大的信息工作效益。

3. 办公室信息工作的要求

敏锐、及时、准确、完整、适用和适量。

（二）办公室信息的种类

办公室信息主要包括：各级领导机关信息、系统内部信息、系统外部信息、社会信息、

其他信息。

（三）办公室信息的来源

（1）网络系统：互联网是各种社会信息的集聚处，信息量大、及时快速、传播范围广，反映的社情民意直接、真实。例如办公室人员可使用联机信息检索来获取所需信息。

知识链接：联机信息检索是指将用户终端与检索中心（计算机）用通信线路直接连接，用户通过终端输入提示、指令，使检索中心的多元计算机联合运行，从众多数据库中直接找到信息的检索过程。联机信息检索的最大特点是检索速度快，可搜集信息网中所提供的各种信息。

（2）公文信息：各级各类机关单位的公文是政务信息的重要载体、核心渠道。

（3）报送信息：通过报送制度，搜集下级单位对上级重要决策、重要工作部署以及重要决定的贯彻执行情况，本地具有推广价值和借鉴意义的工作经验，本地在实际工作中出现的新情况、新问题，干部群众的重要思想动态、突发性事件、群体事件、重要社情民意等。

（4）定向采集：按领导和上级单位意图指定搜集的信息资料。

（5）资料查阅：包括查阅内部档案、文件资料、内部数据库等。

（6）调研渠道：深入工作第一线，到现场调查研究，挖掘潜在的、深层次的信息，适时地通过调查研究，为领导提供信息服务。

（7）会议信息：通过召集相关人员开会来搜集有用信息。

（8）信访接待：在办理群众来信、来访过程中搜集领导需要的重要信息。

（9）报纸杂志：在报纸、期刊上，搜集最新的具有重要价值的动态信息和理论信息。

（10）业务参考资料：主要包括查阅各种规定和标准、业务手册、应用文大全或汇编、市内旅馆、会场一览表、市内餐厅、旅馆、交通一览表、百科全书、年鉴等。

（11）各种专业数据库：利用各种专业数据库也可以查找到有用信息。

（12）大众传播媒介：广播、电视、报纸、期刊和其他文献载体，是现代社会获取信息的重要途径。

（13）专业的信息机构：办公室可以委托专业的信息机构定向搜集相关信息，并要善于利用这些丰富的信息资源。

（四）办公室信息工作的程序

搜集→整理→编写→传递→报送→存储→开发利用→反馈→公开与审核→督查和考核。

（五）办公室信息整理

信息整理是决定信息命运与价值的关键环节。

1. 办公室信息整理的目的

办公室信息整理的目的是把原始信息经过剔除虚假、失效和无效信息后，挑选出有价值的信息，并将其变换成为便于使用的信息。它是在数量上浓缩，在质量上提升，以便于信息编写、传递、存储和利用的过程，是整个办公室信息工作的核心。这样就有利于领导决策为单位的经营管理提供服务。

2.办公室信息整理的程序

信息筛选→信息加工（深度和广度）→信息统计。

（六）办公室信息编写的要求

选好角度，观点新颖；突出特点，实事求是；素材选用，详略得当；喜忧同报，内容实在；形式灵活，要素完整；篇幅短小，语言质朴；行文流畅，表达准确。

（七）办公室信息传递的程序

选择传递形式（信件、文件、信息刊物、新闻稿、新闻发布会、电子邮件）→确定传递方法（语言传递、文字传递、电讯传递、可视物传递）→进行传递→确认传递效果。

（八）办公室信息报送

办公室信息报送包括：对上级重大决策、工作部署、重要决定、指示的贯彻落实情况；本地区、本单位具有推广价值和借鉴意义的工作经验；本地区、本单位工作中出现的新情况、新问题；领导和群众的重要思想动态；紧急、突发性事件；重要的社情民意；重大的群体性事件；其他有参考价值的信息的报送。

（九）办公室信息存储的种类和程序

信息的存储是指将有查询、使用价值的文件、图像、统计报表、档案材料等信息入库存放起来，以备随时调取的过程。

（1）种类：手工存储、计算机存储、缩微胶片存储、光盘存储。

（2）程序：分类（字母分类、时间分类、地区分类、主题分类）→著录（著录的工作环节有：登记、编码、排码）→建立存储检索系统→保管。

（十）办公室信息的开发、利用和反馈

1.办公室信息开发的工作程序

确定主题→分析信息材料→选择信息开发方法→选择信息开发的形式→形成信息产品。

2.办公室信息利用的方法

挖掘信息的潜在价值，综合加工成高层次信息。

3.办公室信息反馈

（1）办公室信息反馈的含义和意义：办公室信息反馈是对信息在使用过程中产生的组织效应和在使用过程中产生的新信息进行再搜集、再处理、再传递的过程。通过信息反馈，可以检查输出信息的真实性、检验信息传递的准确性，为领导的下一步决策提供依据。

（2）信息反馈的类型：

①正反馈，一般为决策执行中的成绩、经验方面的信息反馈。

②负反馈，一般为决策执行中的问题、失误方面的信息反馈。

（3）办公室信息反馈的方法：

①棱角反馈：对某项工作的基本情况从多侧面、多角度进行反馈。

②不间断反馈：对某项工作的某个关键问题在规定时间内进行连续不断的反馈。

（4）办公室信息反馈的程序：明确目标→选择信息反馈的方法→获取反馈信息→加工分析反馈信息→传递反馈信息→利用反馈信息。

（5）办公室信息反馈的原则：审时度势，适当控制；及时追踪，二次反馈；合理分流，保持通畅。

（十一）办公室信息的公开与审核

1. 办公室信息公开的原则

不涉密原则，严格履行审批手续的原则，凡未经过审核批准的信息一律不得公开原则（信息公开的审批权限按相关规定执行），及时、准确公开信息原则，遵守信息公开的审批权限原则。

2. 审核公开办公室信息

经本组织领导审核同意后，相关的办公室信息方可公布。

3. 办公室信息公开的审核内容

审核要公开的信息有无涉密问题，审核要公开的信息的公开时间是否合时宜，审核要公开的信息中的表述和统计数据是否准确。

4. 办公室信息公开的程序

清理需要公开的信息→提交需要公开的信息申请→请领导审批→向社会公开。

（十二）办公室信息工作的督查和考核

各级各类党政机关、单位对本系统内部的政务信息工作都非常重视，都把信息的报送与采用纳入目标管理，实行目标考核。具体的督查和考核制度主要有目标考核制度、评比制度、奖励制度、批评与问责制度等。

（十三）办公室信息的安全及保密工作

办公室信息通常包括：口头信息、纸面信息和电子信息。

办公室信息的保密工作主要包括：建立保密工作制度执行记录，填写保密工作制度执行记录，填写保密工作宣传教育记录，填写保密工作奖惩工作记录，填写保密自查工作记录。

四、技能训练

（一）基本训练

（1）简述办公室信息工作的程序。

（2）简述办公室信息的种类。

（二）案例分析

资料：

××省人民政府对各市（州）人民政府和省政府各部门的
政务信息工作的督查和考核办法（节选）

1. 未完成省政府办公厅下达的信息任务的，酌情扣分。

2. 凡重要信息（重大灾情、疫情、安全事故、治安事件、突发事件）迟报、漏报、误报，或上报时间超过 6 小时的，扣 0.3 分。

3. 存在失实信息 1 条的，扣 0.5 分。

4. 对省政府办公厅下达的约稿迟报或不报的，扣 0.3 分。

结合上述资料，调查你所在单位的实际情况，谈谈你对政务信息工作的督查和考核办法设立的意义的看法。

（三）能力拓展训练

资料：

××省人民政府信息报送要点及采用情况通报和评比奖励制度（节选）

1. 省政府办公厅信息工作机构应定期向下级政府信息工作机构通报信息报送参考要点和信息采用情况。

2. 每年开展一次评选全省政府系统信息工作先进集体、优秀信息员活动，对表现突出者给予奖励。

3. 为人事部门提供对信息工作人员的工作实绩进行考核的依据。

请你参照上述资料，拟写一份适合你所在单位实际情况的信息报送要点及情况通报和评比奖励制度。

五、任务成果展示

问题讨论：针对本节导引案例"煮熟的'鸭子'为什么飞了？"，谈一谈你对办公室信息工作的认识？

本章小结

本章从办公室辅助决策工作、调查研究工作、督查工作、信息工作四个方面介绍了政务性工作。辅助决策是由办公室的定位、定向、定性决定的。办公室工作人员要尽心辅佐领导决策，多谋善思。撰写调研报告是办公室工作人员的基本功，必须掌握。牢记督查部门的工作权限，掌握督查工作的内容，坚持督查工作的原则，熟悉办公室督查的工作程序是办公室工作人员做好督查工作的关键。了解办公室的信息来源，熟悉办公室信息工作的程序，熟悉办公室信息存储的方法和程序，能够对办公室信息开发进行利用和反馈是办公室工作人员应有的能力。办公室政务工作是衡量办公室工作水平和质量的标准。

第四章

日常事务管理实务

教学目的与要求

- 了解：办公环境的设施，办公室工作人员形象管理的方法
- 理解：外事工作的原则
- 掌握：办公环境管理优化流程设计，办公环境管理中的设备使用，接待工作的通用流程与交往礼仪、接待礼仪，信访工作的原则、技巧，办公室安全与保密管理制度的设计方法，印章管理的流程，办公效率和时间管理工作技巧

第一节 办公环境

导引案例

温馨的办公环境是良好组织形象的窗口

办公室的李娟每天都来得比较早，她打开窗帘，打开空调，调节好办公室的温度、湿度。之后，她将窗台、办公桌、电脑等凡目光可及的地方都细细地擦过；饮水机里的水不多了，就和送水公司联系；每天检查储备的办公用品，及时补充；还经常不断地买点儿书法绘画作品装饰墙面……来访的客人都夸赞：在你们这里办事，心情愉悦。

在单位里，办公室工作人员应该重视对办公室环境进行合理的设计、布局、布置和美化。环境美化主要是指工作场所选择适当、布局合理，既适应工作的需要，又有益于工作人员的身心健康。同时，也给来访的客人留下一个良好的印象。

办公环境布置的合理性常常会影响工作流程的质量与效率。

一、任务描述

改善办公环境，提高工作效率已经成为企业健康发展的一个战略性要素，这是组织管理研究细化的必然趋势。

二、任务分析

（一）任务目标

了解办公环境的种类、构成健康安全办公环境的基本要素；掌握办公环境的重要性、办公布局应考虑的主要因素、办公室的行为依据、办公物品的选择与放置、改进办公室日常事务工作流程的基本步骤，办公环境中常见的有碍健康和安全的隐患。

（二）任务分析思路

学习中要抓住办公效率和办公安全两条主线学习。

三、相关知识

（一）办公环境的含义及重要性

1. 办公环境的含义

办公环境或称办公室环境，是直接或者间接作用和影响办公过程的各种因素的综合。按照由远及近的顺序，办公环境可分为办公活动社会环境、办公活动职能环境和办公活动工作环境。办公活动工作环境是本节讨论的重点。

2. 办公环境的重要性

良好的办公环境可以创造高效率、优化业务流程、提高现代化的沟通技术。

（二）构成健康安全办公环境的基本要素

构成健康安全办公环境的基本要素包括：空气、光线、声音、空间、绿化。

（三）合理进行办公室布局

（1）合理进行办公布局的作用：有利于形成有效率的工作流程，有利于员工的工作分配，有利于工作的顺利完成。

办公布局决定了办公区域的划分，组织经营的性质和内容，业务部门的职能特点；确保组织部门之间的联系，科学、有效地设计工作流程。

（2）办公室的布局种类：开放式办公室和封闭式办公室。

（四）办公布局应考虑的主要因素

办公布局应考虑的主要因素包括：以人为本、考虑成本；本组织的规模和员工人数；组织的机构设置和工作设计。

（五）正确选择办公模式

办公模式是指办公标准的形式或样式。

1. 办公模式的种类

在家办公模式：指在家工作的形式。

远程办公模式：远程办公是一个比较广义的词，指用远程通信手段来消除远程工作的距离限制。

虚拟办公室模式：指利用计算机，选择特定的办公地点（办公室、家或其他远距离地点），并进行工作的形式。

临时办公桌模式：指利用单位中的一个空闲位置（只提供计算机和空位）办公的形式。

弹性时间工作：指在完成规定的工作任务或达到固定的工作时间长度的前提下，工作人员可以弹性处理工作时间，并积累计算总工作时间的办公形式。

兼职工作：指以合同确立的办公形式在多家单位工作。

定期合同制工作：指为完成某项任务，制定合同明确其权利和义务，直至完成工作任务的办公形式。

交叉交替工作：指由两人共同承担一项任务，每人工作一部分时间，但必须有一段重叠的工作时间交换彼此的信息，商议工作进度，共同完成工作。

项目团队工作：指由一群人集合而成并被看作一个团队，他们共同承担项目目标责任的办公形式。

2. 选择不同办公模式的方法及步骤

认真分析现有工作模式存在的问题，分析不同部门业务特点对于办公条件的要求；综合分析不同模式各自的优缺点，根据调查结果确定相应的新型办公模式；根据新型办公模式制定相应的规章制度；根据新型办公模式的要求制定管理监督的标准和责、权、利相结合的分配制度；先在部分部门实施并获得经验，逐步推广新型办公模式；不断根据本单位的特点完善新型办公模式，评估启用新型办公模式的得失。

（六）设计不同形式办公室的工作程序

分析不同部门业务特点对于办公条件的要求，如面积、空间大小；人员流通的频率；声音对办公效率的影响；需要的办公设备及家具数量，等等。

1. 设计平面图流程

指定专人或委托他人设计平面图→征询各使用部门的意见→根据意见修改设计→完善办公室功能。

2. 采光、通风、温度

要注意办公室的采光、通风和温度，确保室内光线充足，空气流通，温度控制在 20℃～25℃。

（七）改进办公室日常事务工作

（1）对现阶段工作改进的基本思路：重新安排，修改，替换，合并，精简。

（2）改进工作流程的基本步骤：定义（需要加以分析和改进的流程），评价（确定衡量流程的关键指标），分析（寻找所存在的问题和差距的原因），改进（提出可行的改进方案），实施（实施改进方案）。

（3）注意事项：流程应由职权明确的专人来负责；要考虑客户的需要，与其他流程以及客户需求适当结合；流程本身要有不断改善的弹性空间。

（八）办公空间规划与辅助空间规划

1. 办公空间规划

主要包括：在保证正确、有效的前提下，办公空间规划应有利于尽量缩短信息沟通的距离；根据工作需要而不仅仅是根据级别高低来为不同的工作人员分配办公空间；合理利用一切空间，除特殊需要外，设备机具和每个工作人员所占的空间均不能过大或过小，以免增加开支或影响工作；尽量设置大而开放的办公室，以缩短工作流程，降低办公空间成本，便于沟通联系和控制监督，也便于环境控制；各种共用的设备机具应尽可能置于共用办公区域并靠近窗户；工作人员的办公位置应主要依工作程序规定的次序排列，尽量呈直线分布，减少交叉；应使与外界联系多的部门或工作人员所处区域便于与外界接触，同时又不干扰其他部门或工作人员的工作；应使带机密性的部门或工作人员减少与外界接触；注意遵守各种安全规则，保证安全；留有重新规划和扩展的余地，适时根据工作的变化和需要调整空间分配比例，不断完善规划方案。

2. 辅助空间规划

辅助空间规划应遵循：适用、有序、和谐、完好、美观等原则。

（九）统一使用单位标识系统

制定和组织实施统一规范、统一制作、统一配置的单位标识系统，并由专人监管。

（十）办公物品的选择与放置

（1）办公物品的选择要求：适用、可靠、经济、通用、便于维护。

（2）办公物品的放置标准：办公室内只摆放必要的办公用品，工作人员个人的日常生活用具、用品不应放置在办公室内；办公用品的摆放位置应与工作程序的需要相一致；办公用品的放置应有利于缩小工作人员的动作幅度。

（十一）照明环境控制

办公照明应尽量采用自然光源，人工光源只作为补充性照明光源。

（十二）办公环境中常见的有碍工作人员健康和安全的隐患

地、墙、天花板、门、窗等方面存在的隐患，如离开办公室前不锁门；室内光线、温度、通风、噪声、通道等方面存在的隐患，如光线不足或光线刺眼；办公家具方面存在的隐患，如电脑键盘桌面过高，难以用正确的姿态操作；办公设备及其操作中存在的隐患，如电线磨损裸露；工作中因疏忽大意造成人员伤害的隐患，如站在带轮的椅子上举放物品；工作中因疏忽大意造成泄密的隐患，如复印时将保密原件忘在复印机玻璃板上；火灾隐患，如乱扔烟头，灭火器前堆放物品。

四、技能训练

（一）基本训练

(1) 简述办公环境的重要性。

(2) 简述办公模式的种类。

（二）案例分析

结合导引案例"温馨的办公环境是良好组织形象的窗口"，谈谈你认为李娟的工作有哪些值得学习之处。

（三）能力拓展训练

办公环境的主要问题：头顶上的灯光昏暗不堪；脚下的布线过于杂乱；大大小小的科室封闭分割；无论走进哪一间办公室，总是坛坛罐罐杂处一室；办公室一边物品堆积成山，另一边却疏可走马；领导办公室常常位于走廊的幽幽尽头，给人一种高深莫测的感觉。

面对此现状，有些领导说："这是个简单的装修布局问题。"对于这种说法，你怎么看？

建议：从办公环境与办公效率的角度进行思考。

五、任务成果展示

请结合你所在的单位实际情况，拟写一份办公设备安全操作规程。

第二节　接待工作

◆ 导引案例

一句话的隔阂

××公司的李萌是一位新员工，她在前台负责接待来访的客人和转接电话，还有一位同事小石和她一起工作。每天上班后的前一到两个小时是她们最忙的时候，电话不断，客人络绎不绝。一天，有一位与人力资源部何部长预约好的客人提前20分钟到达。李萌马上通知人力资源部，何部长说正在接待一位重要的客人，请对方稍等。李萌转告客人说："何部长正在接待一位重要的客人，请您等一下。请坐。"正说着电话铃又响了，李萌匆匆用手指了一下椅子，赶快去接电话。客人面有不悦。接完电话，她赶快为客人送上一杯水，与客人闲聊了几句，以缓和客人的情绪。

接待工作是一个单位与外界联系、交流的纽带和桥梁，是单位重要的窗口和形象标志。接待工作做好了会增加被接待者的信任感，从而提高本单位的知名度和美誉度。显然，成功的接待工作是单位良好发展的重要保障。

一、任务描述

办公室是单位的窗口，必须给来访的客人以好感。本节主要介绍公务接待，也称政务接待，即各级党政群机关、企事业单位涉及的接待工作。

二、任务分析

（一）任务目标

了解办公室工作人员形象管理的方法，理解接待工作的原则，掌握接待工作的基本知识，塑造窗口形象。

（二）任务分析思路

从敬人的礼仪核心出发，灵活掌握接待技巧。

三、相关知识

（一）接待工作的种类

接待工作一般包括公务接待、商务接待和民间接待。

（二）接待准备

（1）环境准备：办公室布置得清洁、明亮、整齐、美观，让客人一走进来就感到这里井然有序，充满生气。

（2）心理准备：办公室接待工作的基本要素是"诚心"，接待中要将心比心才能表现出优雅的礼仪。

（3）信息准备：一是了解来宾的基本情况，二是准备好接待材料。

（三）接待工作的规格

接待规格主要取决于接待方主陪人的身份高低。接待规格有三种，高规格接待、低规格接待、对等接待。

（四）接待工作的基本原则

接待工作的基本原则包括：突出政务，注重实效；对口接待、分工负责；诚恳热情、讲究礼仪；约见安排、勿扰原则；因地制宜，突出特色；遵章守制，廉洁办事；安全保密，内外有别；依法办事，文明礼貌。

（五）常见的不同接待工作的流程

一般接待工作的大概流程：接收接待信息→制定方案→方案送审→拟定相关准备工作→落实相关准备工作→方案通过→方案执行→信息统计和反馈→填报接待任务情况汇报总表。

1. 接待方案的拟定与报批的流程

做好信息沟通→拟定接待方案→报批接待方案→提前做好准备。

2. 团队接待工作的基本流程

（1）来访团队接待工作流程：接收接待任务信息→沟通、衔接有关事项→拟定接待方案→实施接待方案→接待费用结算→资料归档。

（2）大型活动（会议）接待工作流程：明确任务内容→组建接待团队→编制接待手册→落实重点环节→整理归档活动资料。

（3）接待下级请示（汇报）人员工作流程：

从形式看，有来电、来函、来访等接待形式，需要注意如下问题：

①与来电（函）单位人员确定请示（汇报）的具体时间。

②在电话交谈中，要热情并表示欢迎。

③准确了解请示（汇报）内容，及时向有关领导汇报，确定接待时间。

④待时间确定以后，正式回复相关人员。
⑤如是本人来访，要及时通报所请示（汇报）的领导。

3. 团队出访工作流程

参加协调会接受任务→与受访单位接洽有关事宜→做好相关出访准备工作→出访中做好联络服务工作→做好返程及返程后服务工作。

4. 客人迎送及酒店入住工作流程

（1）机场迎送工作流程：

国内航班接送站流程：接站→送站。

国际航班接站流程：确认需给予礼遇的主宾及航班、随员信息→协调检验检疫、边防、海关等联检单位→联系航空公司、机场股份公司，安排车辆及休息室→通知接站领导提前30分钟到达机场→工作人员提前1小时到达机场，办理能进入停机坪、廊桥等区域的证件→查询停靠机位→接站领导由工作人员引领，从国际进站口进，经海关，边防，检疫等礼遇通道，前往停机位→接到客人后，带领客人前往休息室休息→收齐护照、申报单等材料，交各联检单位检查、核对→工作人员提取、清点行李→手续办理完毕后，通知车辆到达指定地点等候→引领主宾经检疫、边防、海关等礼遇通道登车出机场。

国际航班送站流程：确认需给予礼遇的主宾及航班、随员信息→协调检验检疫、边防、海关等联检单位；联系航空公司、机场股份公司，安排车辆及休息室→提前90分钟到达机场，办理进入停机坪、廊桥等区域的证件→接待人员提前更换登机牌、托运行李→协调各联检单位查验手续，提前30分钟过安检，乘车前往登机。

（2）火车站迎送流程：

接站流程：核准车次和时间，提前准备车辆和接站牌→追踪火车运行情况→提前15分钟抵达车站出站口，确定路线和上车点→协助客人提取行李→如需车辆进站接客，则需提前协调车站，核实客人乘坐的车厢号，在车站工作人员的引导下迎接客人。

送站流程：核实送站车次和时间，提前准备车辆→提前50分钟把客人送抵车站进站口→如需安排客人走贵宾通道，则需提前与车站贵宾中心协调，提前40分钟将客人送抵贵宾中心休息室，提前20分钟检票进站上车。

（3）陆地（公路）迎送流程：

迎接流程：主动与客人商定抵达时间→确定接待方行车线路、车辆数量、车型、迎接客人的地点位置，注意天气变化情况→确定客人是否按计划时间出发，提前30分钟到达指定迎候处等候→与客人保持联系，确定客人行驶情况是否正常，及时告知接站领导和相关人员。

送客流程：按迎接的同等规格进行。

（4）酒店入住工作流程：

根据客人需求预订房间，确认房型、数量、入住时间→办理入住手续，提前取得房卡或待客人到达酒店后协助客人办理入住手续→提前检查有关准备工作，如鲜花、水果、报纸的摆放情况及卫生情况等，熟悉酒店布局→引导客人入住，客人到达酒店前30分钟，通知酒店服务人员迎候并做好行李转移工作→协调相关事项，告之客人房号，避免打扰，客人如需用餐，协助其订餐。

（六）领导出席政务接待活动的一般原则

领导出席政务接待活动，一般都是根据来访团队主要领导的级别和参观考察的内容，按对口、对等的原则进行安排。

（七）接待服务、交往礼仪

1. 接待服务礼仪中的尊卑原则

尊者有优先权。涉外礼仪右为尊，中国礼仪左为大。

2. 电话礼仪

使用电话时应当遵守自报家门、告知三要素（姓名、职位、单位）、礼貌规范、文雅温和的四项原则；确认接听者后，再进行交谈；左手持听筒，右手准备好记事本；电话铃响第二下后再接听，注意保持良好的身体姿态以保证声音清晰；如果拨错电话，请务必道歉；转接时，注意表述，耐心等待转接；不在对方可听见的情况下喊人或问话；通话期间，语言要简洁明了，事情说完，道一声"再见"，便及时挂上电话；如果对方请你代传电话，应询问清楚对方是谁，要找什么人，以便与接话人联系，最好做电话记录；传呼接话人时，请告知对方"稍等片刻"，并迅速找人；如果不放下话筒呼喊距离较远的人，可用手轻捂话筒，然后再呼喊接话人；如果接话人不在，应做好电话记录；手机是私人通信工具，使用时以勿打扰他人为原则；在公共场所及办公地点，最好将手机调至振动模式或静音模式。

小提示：与领导通完电话，让领导先挂；与客户通完电话，让客户先挂；与年长者通完电话，让年长者先挂；与女士通完电话，让女士先挂。

知识链接：

电话记录表如表4-1所示。

表4-1 电话记录表

来电人	姓名：_____　单位部门：_____ 职务：_____　电话号码：_____
来话时间	____年____月____日____时____分
通话地点	来电人地点：_____ 受话人地点：_____
通话要点	1. _____ 2. _____ 3. _____
结束时间	____年____月____日____时____分

	续表
处理要点	1. 交由 ＿＿＿＿＿＿＿＿＿＿ 进行处理 2. 请 ＿＿＿＿＿＿＿＿＿＿ 尽快回电 3. 约定 ＿＿＿＿＿＿＿＿＿＿ 再来电话
记录人	

3. 接待礼仪

(1) 着装礼仪：衣着要注意清洁、整齐，特别是衣领要经常清洗；衣服要熨平，皮鞋要擦亮。

①男士着装要求：着正装；衣裤纽扣应扣齐（男士特别要注意裤扣是否扣上）；男士任何时候在室内都不得戴帽子。

②女士着装要求：内衣裤和衬衣、女式袜套，不要露在外衣外面；着单一色系的西服套裙，内着白色衬衫，着肉色长筒袜和黑色高跟皮鞋；有时，着单一色系的连衣裙亦可，但是尽量不要选择以长裤为下装的套装；着裙装的女士，最好穿连裤袜或长筒袜。

③注意事项：如需要脱衣服，应到盥洗室或其他适当场所整理和脱换；参加活动进门后应把大衣、帽子、围巾、手套、雨衣脱下，送存衣处存放；存放前注意检查口袋里不要留下文件、笔记本和钱包等物品；接待外宾或出席重要活动时一般着深色服装，上下颜色要一致，如男士身着藏蓝色、灰色的西服套装或中山装，内着白色衬衫，脚着深色袜子、黑色皮鞋（在有些热带国家，隆重场合也可穿长、短袖便服）。着中山装应扣好风纪扣，参加正式活动着西服应打领带。长袖衬衣要塞在裤内，袖口不要卷起。短袖衫（T 恤）不要塞在裤内。接待活动中着装也应注意按照对等的原则，在接待准备阶段，要与客方确认着装情况。一般情况下，当参观活动很多或持续时间过长时，可以选择着商务便装，特别是在夏天较热时在公务场所最好穿有领的短袖衬衫，但不能着 T 恤；参加吊唁活动一般着黑色服装；男士的头发、胡须要经常修整，鼻毛、指甲应修短。

(2) 称呼礼仪：对男士称"先生"；对女士称"女士""小姐"；对地位高的官方人士（一般为部长以上的高级官员），按照国家情况称"阁下""先生"；对有地位的女士称"夫人"；遇到有职位或学位的人，可在"先生"一词前冠以职位或学位；凡是与我国以同志相称的国家，对各种人员均可称同志，有职衔的可在"同志"前加职衔；国内交往可以称尊者为"老师"。

(3) 迎、待、送礼仪：

①迎送客位置：普通宾客，一般应在活动地点大门口迎送；外地来访宾客，应到机场（车站）迎送，并按照规范安排相应的领导参加；对特别尊贵的客人，还应举行迎送仪式。

②接待原则及方法：热情、周到、尊重、量力而行；制定详细的接待方案，并提前征求客人意见；客人接到后，再向客人进一步说明有关情况和注意事项；根据客人情况，提前安排落实相应的陪同人员；提前协调落实好住宿、票务及参观地点；迎送规格要一致；待客人

进入住地房间坐定后，只需略加介绍情况并征询客人对日程安排的意见或奉上有关资料后就可告别，不宜久留。

③介绍方法及要求：说出三要素——姓名、职位、单位；为他人介绍时，应向年长者引见年轻者，向女士引见男士，向职位高者引见职位低者，同时连同双方的单位、职务一起简单作介绍；在集体活动中，主持人介绍时，应以尊者优先，在聚会中可将晚到的介绍给先到的，男士必须起立，女士可免；被人介绍时，面对对方，应显出想结识的诚意，介绍完毕，握手并说"你好！""幸会！"等客气话，男士被介绍给女士时，应主动点头并稍稍欠身；自我介绍时，可主动打招呼说声"你好！"以引起对方注意，然后说出自己的姓名、身份，也可一边伸手跟对方握手，一边作自我介绍，如果有介绍人在场，自我介绍是不礼貌的。

介绍要求：简明扼要，介绍清楚姓名、职位、单位即可；充满自信、真实诚恳，表现出希望结识对方的态度和热情；善于用亲切的表情和微笑表达感情；表达清晰、准确；先向对方点头示意，得到回应后再进行介绍。

④握手原则及方法：双方右手手掌相向呈垂直状态，表示平等而自然的关系，若表示谦虚或恭敬，则可掌心向上同他人握手，切不可掌心向下或伸左手与人握手。握手顺序：上下级间，上级先伸出手后，下级才能接握；长幼之间，长辈先伸出手后，晚辈才能接握；男女之间，女方先伸出手后，男方才能接握。握手力度：可以使劲摇晃几下，这是十分友好的表示。握手时间通常以3至5秒为宜。握手时，不能戴墨镜、帽子和手套，女士可戴薄的丝网手套。握手礼适合的场合包括：在被介绍与人相识时；与久别重逢的友人或多日未见的老同学相见时；当对方获得新成绩、得到奖励或有其他喜事时；领取奖品时；接受对方馈赠的礼品时；拜托别人某件事并准备告辞时；当别人为自己做了某件好事时；在参加各种宴会告辞时；在拜访友人、同事或上司之后告辞时；邀请客人参加活动告别时；参加友人、同事或上下级的追悼会离别时。握手礼种类包括：半握、全握。

知识链接：握手三要素——先后顺序、握手时间、握手力度。

（4）致意礼仪：远距离遇到相识的人，一般举右手或用帽子及围巾打招呼并点头致意；对一面之交的朋友或不相识者，在社交场合均可点头或微笑致意；在社交场合遇到身份高的人，应有礼貌地点头致意，不要主动上前握手，而要待对方做出表示后，才上前握手致意。

（5）鞠躬礼仪：站立，头颈与背成直线，以腰为轴，头和身体自然向前倾斜，目光随着上体的前倾而下移；女士两手叠放于体前；男士手指并拢放于体侧，有时也可放在体前或背后。错误的鞠躬礼仪：背太低，仰脸，背太弯，手放的位子太低，无视线交流就鞠躬，鞠躬时双腿没有并齐。上级、长者、尊者还礼不必鞠躬，欠身点头或伸出右手答礼即可。

（6）拱手礼仪：互相祝贺，寻求支持帮助，常以拱手为礼。

（7）脱帽礼仪：向人致意问候时应摘下帽子或举一举帽子，同一场合多次遇到同一人则不必反复脱帽。进主人房间时客人必须脱帽。庄重、正规场合应自觉脱帽。

（8）引导礼仪：引导者一般在左前方，领先客人两米左右的距离；进出门，主动开门，站在门侧，让领导或长者先走；陪客人走路，右侧、靠墙一侧为上，三人并行，中间为上；上楼时，男士前，女士后；下楼时，女士前，男士后。

①走廊引导方法：引导者在客人两三步之前，配合步调，客人走内侧。引导者应尽可能走在客人左侧前方，整个身体半转向客人方向，保持两三步的距离，上下楼梯、拐弯、进门时，要伸出左手示意，并提示请客人上楼、进门等。

②楼梯引导方法：引导客人上楼时，客人走在前面，引导者走在后面；下楼时，引导者走在前面，客人走在后面。提醒客人上下楼梯，注意安全。

③电梯引导方法：先出后进。引导者先进电梯，客人进入后关电梯门；到达时，引导者按"开"钮，请客人先出电梯。

④客厅引导方法：客人走入客厅，引导者用手指示，请客人坐下，看到客人坐下后，才能行点头礼后离开。如客人错坐下座，应请客人改坐上座。

注意：迎宾时不宜在门口或机场（车站）出口处停留寒暄，应立即引导客人进入汽车或边寒暄边引导。在涉外礼宾次序中，一般以右为上，左次之；引导宾客时，引导者应走在客人的左前方，若是熟悉、平级的客人，可以并肩前行；引导者开门与关门的动作都应采用斜侧身姿态，切不可背对客人。国内礼宾次序，与涉外礼宾次序相反。

（9）行进礼仪：

①单独行进礼仪：当与客人单独行进即一条线行进时，原则上是前方高于后方，以前方为上。如果没有特殊情况，应该让客人在前方行进。

②并行行进礼仪：并行行进的尊卑次序是中央高于两侧，内侧高于外侧。

③上下楼梯行进礼仪：上下楼梯均应靠右单行行走，不应多人并排行走；为人带路上下楼梯时，应走在前面；上下楼梯时，不应进行交谈，更不应站在楼梯上或楼梯拐弯处进行深谈，以免有碍他人通过；男士与长者、异性一起上下楼梯时，如果楼梯过陡，应主动走在前面，以防对方出现闪失；上下楼梯时，既要注意楼梯，又要注意与身前、身后的人保持一定的距离，以防发生意外；上下楼梯时，应注意行走姿势、速度，不管自己有多么急的事情，都不应推挤他人，也不要快速奔跑。

（10）递接名片礼仪：名片携带，应足量适用、放置到位；名片递送，要观察对方意愿，把握时机，一般应选择初识之际或分别之时；讲究顺序，由身份、地位较低者首先向身份、地位较高者递送名片，再由后者回复前者；接受名片时要双手奉接，在胸前停3~5秒，念基本信息；名片互递时要右手递、左手接；认真收存，切忌把玩或折叠名片，把所收名片随意塞入钱包或裤子口袋里；最好不要直接开口向他人索要名片，可采取互换法（即以名片换名片），以及暗示法（即用含蓄的语言暗示对方）。

（11）奉茶礼仪：应先向主宾奉茶。

（12）谈话礼仪：谈话内容应多涉及别人感兴趣的事情，一般不要涉及疾病、死亡和荒诞离奇、耸人听闻、低级淫秽的事情，不径直询问对方私人生活方面的问题；谈话神态应自然、和气，举止要文雅；说话时可适当做些手势，但动作幅度不宜过大，更不要手舞足蹈，不要用手指指人；争论问题要有节制。

①六不谈：不得非议党和政府；不得涉及国家秘密与行业秘密；不得非议交往对象的内部事务；不得在背后议论领导、同事与同行；不得涉及格调不高的事；不得涉及个人隐私。

②五不问：不问收入，不问年龄，不问婚否，不问健康，不问个人经历。

③四忌：不打断对方，不补充对方，不纠正对方，不质疑对方。

④做个好聆听者：保持良好的精神状态，不随意打断对方谈话，采用开放式的肢体动作，及时用动作和表情呼应必要的沉默，适当向对方提问、回馈。

⑤提意见的技巧："三明治"原理——赞美、真诚、言之有物。

(13) 宴会礼仪：安排宴会时，一般要注意必须适度、适量、适合不同地区的人。

①宴会的"5M"规则：

见面的人是谁（meeting）？你请客人吃饭，如果还要请人作陪，就要考虑应该怎么请。比如说请的是英国人，那就请几个懂英语的人在一起，这样容易谈到一块儿去。

费用如何（money）？做任何事情，量入为出，不管是请谁，都要避免大吃大喝，不要铺张浪费、过分招摇。

菜单如何（menu）？点菜时要重点考虑客人不吃什么，然后再考虑客人爱吃什么。选菜不以主人的爱好为准，主要考虑主宾的喜好与禁忌。

环境如何（media）？接待相应的客人，要注意制定相应标准，并尽可能选择比较好的用餐环境。

举止如何（manner）？要注意自己在餐桌上的举止，不吸烟，不让菜、夹菜，祝酒不劝酒，不在餐桌前整理服饰，吃东西不发出声音。

②宴请形式：宴会（国宴、正式宴会）、便宴、家宴、招待会（冷餐会、自助餐、酒会、茶会）、工作餐。

③订菜：宴请的酒菜根据活动的形式和规格，在规定的预算标准以内进行安排。

④席位安排：正式宴会一般均安排席位，也可只安排部分客人的席位，其他人只排桌次或自由入座。无论采用哪种坐法，都要在入席前通知每一个出席者，使大家心中有数，现场还要有专人引导。

⑤现场布置：宴会厅和休息厅的布置取决于活动的性质和形式。

⑥宴会程序及现场工作：主人一般在门口迎接客人。官方活动，除主人外，还有少数其他主要人员陪同主人排列成行迎宾，通常称为迎宾线。

⑦参加宴会礼节：掌握出席时间，在进餐、交谈、祝酒、致谢等环节均要注意举止得体。

⑧宴会的餐具：中餐的餐具主要是碗、筷，西餐的餐具则是刀、叉、盘子。

⑨处理意外情况：宴会进行中，由于不慎发生了异常情况，如用力过猛，使刀叉撞击盘子，发出声响，或餐具摔落地上，又或打翻酒水等，此时应沉着应对，不必慌乱。

小提示：中央六项禁令指出，严禁超标准接待。领导干部下基层调研、参加会议、检查工作等，要严格按照中央和省委的有关要求进行。

(14) 饮酒礼仪：通常白酒开瓶后直接饮用，但在有些地区，如我国东北地区则喜欢把白酒加热后饮用；红葡萄酒应该开瓶透气放置一阵再饮用；如在盛夏，香槟酒和白葡萄酒在饮用前应该放入冰水或在冰箱里冷藏，或在酒杯中放入少许冰块；啤酒一般也应经过冰镇或加入冰块冷却之后饮用。

饮酒的讲究：确定酒品、摆好酒具、调好酒温、适度酌酒、文明饮酒、巧妙谢酒。

(15) 馈赠礼仪：把握选择礼品，赠送礼品，接受礼品三个环节。

①馈赠的六要素：送给谁（who）？为什么送（why）？送什么（what）？何时送（when）？什么场合送（where）？如何送（how）？

②可以馈赠礼品的场合：表达谢意敬意，祝贺庆典活动，业务往来，祝贺开张开业，适逢重大节日，探视住院病人，应邀前往别人家做客，慰问遭遇不幸事件的人，等等。根据礼品的用途选择不同的赠送场合。例如，供家庭用的礼品最好送到受礼者家里，而不要送到受礼者办公室。

③根据馈赠目的选择礼品：公司庆典一般送鲜花；慰问病人可以送鲜花、营养品、书刊；朋友生日送卡片、蛋糕；节日庆祝送健康食品、当地特产；旅游归来送人文景观纪念品、当地特产；走亲访友送精致水果、糖酒食品。

④礼品选择原则：所选礼品要质优，实用性强，经久耐用；最好让礼品更具有私人性、专一性；礼品的包装要精致美观，吸引人；如有可能，应亲自或者派人专门分发礼品。

外事礼品的选择要突出纪念性，讲究"礼轻情义重"，不宜赠送过于贵重的礼物，否则有行贿受贿之嫌；要体现民族和地方特色，要有针对性，因人、因事而异；勿送涉及国家机密和商业秘密的物品及不道德的物品；一般情况下不得出现价格标签。

向外国人赠送礼品，是绝对不能有悖对方的风俗习惯的，要了解受礼人所在国的风俗习惯。在挑选礼品时，主动回避对方有可能存在的下述六个方面的禁忌：

一是与礼品品种有关的禁忌。

二是与礼品色彩有关的禁忌。

三是与礼品图案有关的禁忌。

四是与礼品形状有关的禁忌。

五是与礼品数目有关的禁忌。

六是与礼品包装有关的禁忌。

(16) 拜访礼仪：事先约定，按时到达，勿早勿迟，礼貌道别。拜访时间以上午十点到下午四点之间为宜。

(17) 搭乘电梯礼仪：电梯设有电梯操作员时应"主先进、客先出"；电梯没有电梯操作员时应"客先进、客先出"。

(18) 陪车礼仪：遵循"客人为尊、长者为尊、女士优先"的原则。

①车内座位安排：尊、长者坐后排（后排二人坐，右边为尊；三人坐，右为尊，左次之，中间最末），晚辈或地位较低者，坐副驾驶位；私家车，主人亲自开车，则应将副驾驶位让给尊、长者，其余人坐后排；如主人夫妇二人驾车，则主人夫妇坐前排，客人坐后排。

②上下车礼仪：客人从右侧上车，主人应帮客人打开车门，站在客人身后等候客人上车。长辈、女士先上，对长辈还应搀扶。主人从左侧上车。遇到客人先上车，坐在主人位子上时则不必请客人挪动位置。下车时，位低者先下，并为尊、长者做好"护顶"，即左手开车门，身体顺势站在门后，右手挡于车门框上端，以免客人下车时碰撞了头。吉普车无论是主人驾驶还是司机驾驶，都应以前排右坐为尊，后排右侧次之，后排左侧再次之。上车时，后排位低者先上车，前排尊、长者后上。下车时，前排客人先下，后排客人再下。火车、飞机以靠窗位置为上，靠窗且和车前进方向一致的位置为最上；一般大巴，多排座位排位顺序由前而后，自左至右，按距离前门的远近排列。

(19) 会见和会谈礼仪：会见，即会客、会晤、会面，一方主动、一方被动；会谈，即谈判、洽谈、磋商，双方处于同等地位。会见和会谈的座位排列，以面对门的一方为上，背对门的一方为下。若分左、右两面，则右为上，左为下。同一排安排座位，先固定主人或尊、长者的位置，以其右手为上，依次右、左、右、左排列。

会议排位原则：（面向观众）前高后低，中央高于两侧，右高左低。

(20) 晚会礼仪：应邀出席（应尽量出席，以免剧场座位空缺）。规范入座（晚会请柬如附有座位号码，应对号入座；如无座次，到现场了解座位分配情况，根据本人的身份地位选择座位）。遵守秩序（演出进行中应保持肃静，关掉手机，节目终了应报以掌声，除有政治问题外的节目，一般都应鼓掌，观看体育比赛，要注意道德风尚，尊重客队）。

(21) 送别礼仪：主人可根据公务需要或接待规格，确定是否设宴送行或是否赠送一些具有纪念意义的礼品。如果是送别高级别的贵宾，必须举行欢送仪式，并按照规则安排领导到机场（车站）送行。送别规格与迎接规格要一致。

(22) 国旗的使用礼仪：

①按国际关系准则，一国元首、政府首脑在他国领土上访问，在其住所及交通工具上悬挂本国国旗（有的是元首旗）是一种外交特权。东道国接待来访的外国元首、政府首脑时，在隆重的场合，在贵宾下榻的宾馆、乘坐的汽车上悬挂对方（或双方）的国旗（或元首旗），这是一种礼遇。此外，根据国际惯例，一个国家的外交代表在接受国境内有权在其办公处和官邸，以及交通工具上悬挂本国国旗。

②国旗多面并挂，主方在最后。如系国际会议，无主客之分，则按会议规定的礼宾顺序悬挂国旗。

③国旗不能倒挂。一些国家的国旗由于文字和图案的原因，也不能竖挂或反挂。

④不同国家的国旗，如果面积大小不同，并排悬挂时，应将其中一面略放大或缩小，以

使国旗的面积大致相同。

（八）接待工作的禁忌

1. 数字禁忌

日本人和韩国人忌讳数字"四"。在喜庆场合或节日期间，人们避免说"四"这个字。在馈赠礼品时不能送四样东西。韩国人饮茶或饮酒时，不但忌饮"四壶""四杯""四碗"等，还忌饮"双壶""双杯""双碗"。在待客时，主人总是以一、三、五、七的数字单位来敬酒、献茶或布菜，并力避以双数停杯罢盏。由于"九"字的日语发音同"苦"字谐音，在有些场合下也要避免使用，这跟中国人偏好"九"字恰恰相反。在一些西方国家，数字"13"也是不吉利的，应尽量避开。此外，阿富汗忌讳用数字"13"和"39"，巴基斯坦忌"13"和"420"，香港人认为"4""13""38""49"都是不吉利的数字。

2. 颜色禁忌

我国普遍忌讳黑色，认为黑色是哀丧之色，多偏爱红色，认为红色是大吉大利的颜色。欧美人也不喜欢黑色，同样认为黑色是哀丧之色；但在喜事时常用白色，新娘穿白衣，送礼用白纸包，用白绸带系，表示纯洁。印度人视白色为不受欢迎的颜色。给法国人送花千万不可用黄花，因为在法国人的观念中，黄花象征着不忠诚。英国人在送花时忌讳送黄玫瑰，按照他们的传统习俗，黄玫瑰是亲友分离的象征。而荷兰人特别喜欢黄色。法国人和德国人认为红玫瑰只能在情人间赠送，不能乱送。巴西人认为紫色表示悲伤，黄色为凶灾之色，若两者配在一起，则是凶兆。故在选择礼品时，应根据不同对象，避免赠送有禁忌颜色的礼品。

3. 物品禁忌

在我国，非常忌讳在婚礼时，送钟和梨，因为它们的谐音很不吉利。在我国香港和东南亚的一些国家，送书是失礼的，因为"书"与"输"谐音，生意人尤为忌讳。以鲜花作为礼品赠送他人时要格外小心。赠送时，必须弄清花的各种品种、各种颜色应用的场合和代表意义。

虽然说"礼多人不怪"，但如果冒犯了别人的禁忌，人家心里肯定会不舒服。由于各地习俗不一样，送礼时，一定要留心。比如：绝不要轻易送日本人有动物形象的礼品，因为在日本不同的动物有不同的象征。在西欧，人们习惯用素色包装纸包装礼品，而美国则刚好相反。欧美人常在拜访时送瓶好酒，而在阿拉伯世界切记不要以酒作为礼物。男士不要用一些女性用品如化妆品、丝绸头巾等作为礼品，因为这明显是向对方的妻子送礼，容易引起对方的不快，可选择送些针对孩子们的礼品。在拉丁美洲，女性向男士送礼一定要万分小心，甚至一个不带任何感情色彩的公务性礼品，如镇纸也会给人一种表示亲近的感觉。而某些物品如刀子在巴西、古巴等国是忌讳的，因它隐喻割断友谊。在阿根廷，商务活动中不要送衬衫、领带等贴身物品。印度人敬牛为神，忌赠送牛皮所制的任何物品。

4. 图案禁忌

许多国家对动物有所忌讳。蝙蝠在美国被认为是凶神的象征，所以在美国忌用蝙蝠图案作为商品的商标。英国人忌用大象做商品广告，因为他们认为大象是蠢笨的象征。法国人忌孔雀图案，因为他们将孔雀看作淫鸟、祸鸟；忌仙鹤图案，因为仙鹤在法国人眼里象征着蠢汉和淫妇。匈牙利人认为黑猫是不祥之物。瑞士人忌猫头鹰图案，认为那是死者的象征。捷克和斯洛伐克忌用"红三角"，认为它是有毒的象征。埃及人禁穿有星星图案的衣服，有星星图案的礼品包装纸也不受欢迎。印度尼西亚人对乌龟特别忌讳。泰国人倍爱荷花，以荷花为礼极受女士欢迎。而印度人则认为荷花是祭祀之花，所以印度人忌以荷花作为礼品或图案。

小提示：中央八项规定指出要规范出访活动，从外交工作大局出发，合理安排出访活动，严格控制出访随行人数，严格按照规定乘坐交通工具，一般不安排中资机构、华侨华人、留学生代表等到机场迎送。

四、技能训练

（一）基本训练

简述接待工作的基本流程。

（二）案例分析

请指出导引案例"一句话的隔阂"中，助理李萌做得不妥的地方。谈谈你认为办公室接待应做好哪几个方面的准备工作？

（三）能力拓展训练

在接待工作中，有时会遇到一些不受欢迎的人，如为一点儿小事纠缠不休的人，多次跑来索取赞助的人，或提出一些无理要求的人，等等。对于这样一些不受欢迎的来访者，办公室接待人员应该怎样应对呢？

五、任务成果展示

领导因某件急事必须办理而突然外出了，而他事先约好的客人则如约前来。面对这种意外情况，办公室接待人员应该怎么办呢？

第三节　信访工作

导引案例

帮助"羊城一号特困归侨"脱贫解困

1996年10月的一天，广州市侨办信访科来了一位自称是归侨的上访者。信访科的同志热情地接待了他。

从此人反映的情况中信访科的同志得知,此人名叫郑××,1933年出生于柬埔寨,1956年从越南回到广州。回国后,由于被指控犯有盗窃罪等问题,曾被劳教过3年,后又被判刑10年。出狱后,他的生活一直非常困难,一家人露宿在海珠桥下,靠拾破烂为生,长期过着流浪的生活,被称为"羊城一号特困归侨"。

后来,有位黄姓朋友同情他,让他们一家借宿在自己家中,郑××的生活这才暂时稳定下来。1996年,因广州市旧城改造,郑××借宿的房子要拆除,眼看一家人又要露宿街头,在走投无路的情况下,郑××找到了广州市侨办。

广州市侨办信访科的同志了解到这一情况之后,马上向市侨办领导做了汇报。办领导非常重视,立即指定专人负责处理此事,并指示一定要深入地做好调查工作。如情况属实,必须切实把问题解决好。

有关人员经过初步调查,证实了郑××反映的情况基本属实。但由于对郑××问题处理的年代已久远,有关材料已遗失,郑××本人拿不出能够证明自己是归侨的有关资料和有效证件。在这种困难的情况下,广州市侨办的有关人员并没有推诿和放弃,他们与海珠江街道办事处组成联合调查组,到郑××当年服刑的滨江矿场进行深入的调查,翻阅了大量的历史资料,最后找到了郑××从越南回国的文字凭据,从而确认了其归侨身份。

在此基础上,广州市侨办为郑××一家脱贫解困进一步做工作就有了法律依据。《中华人民共和国归侨侨眷权益保护法》(简称《保护法》)第三条规定:"国家根据实际情况和归侨、侨眷的特点,给予适当照顾。"第四条规定:"县级以上各级人民政府及其负责侨务工作的机构,组织协调有关部门做好保护归侨、侨眷的合法权益的工作。"有了对郑××归侨身份的认定,侨办就依照《保护法》的有关规定,维护了其应该享有的合法权益。

信访工作是机关、企事业单位的一项重要工作,也是构建社会主义和谐社会的基础性工作。它是联系群众、为人民群众排忧解难的桥梁和纽带,了解社情民意的重要渠道,发现腐败线索的重要来源,也是展现党政机关良好形象的重要窗口。

一、任务描述

信访工作是办公室对外的窗口,把握信访工作原则和信访工作要求,牢记信访工作的宗旨,是办公室工作人员的工作职责。

二、任务分析

(一)任务目标

了解信访工作的原则和信访工作的要求、有关制度,理解信访工作的职责,掌握信访工作的程序和几种针对群众信访特殊情况的处理技巧。

（二）任务分析思路

重点掌握信访工作的程序。

三、相关知识

（一）信访工作的含义

信访是来信、来访的简称。《信访条例》第二条明确规定：本条例所称信访，是指公民、法人或者其他组织采用书信、电子邮件、传真、电话、走访等形式，向各级人民政府、县级以上人民政府工作部门反映情况，提出建议、意见或者投诉请求，依法由有关行政机关处理的活动。

（二）信访工作的职责

1. 职责概述

《信访条例》第六条明确规定：县级以上人民政府应当设立信访工作机构；县级以上人民政府工作部门及乡、镇人民政府应当按照有利工作、方便信访人的原则，确定负责信访工作的机构（以下简称信访工作机构）或者人员，具体负责信访工作。县级以上人民政府信访工作机构是本级人民政府负责信访工作的行政机构，履行下列职责：

(1) 受理、交办、转送信访人提出的信访事项。

(2) 承办上级和本级人民政府交由处理的信访事项。

(3) 协调处理重要信访事项。

(4) 督促检查信访事项的处理。

(5) 研究、分析信访情况，开展调查研究，及时向本级人民政府提出完善政策和改进工作的建议。

(6) 对本级人民政府其他工作部门和下级人民政府信访工作机构的信访工作进行指导。

2. 具体操作

受理、交办、转送信访人提出的信访事项；向区属单位交办有关信访事项，督促办理情况；征集、办理群众对本区政治、经济、文化和各项事业发展的建议；承办上级和本级人民政府交由处理的信访事项；协调处理重要的信访事项；督促检查信访事项的处理情况；研究、分析信访情况，开展调查研究，及时向本级人民政府提出完善政策和改进工作的建议；综合、分析、研究信访情况，开展调查研究，向区委、区政府提出建议；对本级人民政府其他工作部门和下级人民政府信访工作机构的信访工作进行指导；宣传党的路线、方针、政策和国家法律、法规。

（三）信访工作的原则

方便信访人原则；属地管理、分级负责、"谁主管、谁负责"原则；依法、及时、就地解决问题与疏导教育相结合原则；标本兼治、预防和化解矛盾相结合原则；行政执法与监测技术相结合原则；双向规范原则（既要规范机关的受访、受信行为，也要规范信访人的信访行为）。

（四）信访工作的有关制度

来信来访电话举报登记、办理制度；接访制度；信访举报案件立案、查处、督办、上报制度；信访举报统计制度；信访档案归档、保管制度；回信回访制度；保密制度；矛盾纠纷排查化解工作制度；信访三级终结制度；信访工作问责制度；"三会"制度（"三会"即矛盾协调会、决策听证会、政务评议会）；代理制度（即针对社会弱势群体或信访者自我保护意识不强、不熟悉国家有关政策、不善于拿起法律武器保护自己的情况，各群众团体组织、居委会、律师代群众到有关单位联系，落实信访事项，做信访者的代言人，切实保护信访者的合法权益的一种办事制度）；巡回接待制度；错时工作制度（即通过在居/村委会等为民办事机构调整办公时间，延长接待时间，做到全天候接待，全方位服务的一种办事制度）；社情民意的"气象台"制度（社情民意的"气象台"由街道党工委、办事处以及办公室、综治办、信访办等方面共10位同志组成，街道党工委办事处分管领导分别任正、副台长，下设办公室，由信访办主任兼任办公室主任，办公室定期对社情民意进行分析、归纳、上报，同时，负责将党工委、办事处、机关有关职能部门、社区有关单位的处理意见或解决办法及时反馈给居民区"气象站"或居民）；律师参与接待来访群众制度（律师志愿团成员坚持参与市、区县领导接待群众来访工作，积极参与协助政府化解一些矛盾纠纷）。

（五）涉及干部管理制度

涉及干部管理制度主要包括：信访领导负责制度，领导干部定期接访制度，领导干部定期下访制度。

（六）信访工作的程序

1. 群众来信处理的程序

及时拆封→详细阅读→认真登记→恰当办理→催办→督办→回信→结案上报→立卷归档。

2. 群众来访处理的程序

迎接→登记→接谈（听、问、记、查、析）→办理→回复。

（七）几种针对群众信访特殊情况的处理技巧

（1）热线电话处理：热线电话全天候、24小时开通；要做到事事有交代，件件有结果。

（2）网络来信处理：定时打开电子邮箱，及时处理电子邮件；重要信访，及时报请；转办信访，跟踪督办；网络保密，脱机阅读。

（3）集体上访处理：5人（不含5人）以上为了同类问题一起到党政机关或企事业单位上访，即称为集体上访。组成团队，热情接待；稳定情绪，正确对待；冷静分析，妥善处理。

（4）重访老户处理：专人负责，明确责任；抓住基层，减少发案；一次结案，依法处置。

（八）重视信访信息利用的意义

信访信息是党政机关领导了解社情民意的"连心桥"，检验政策执行情况的"晴雨表"，预测社会动向的"风向标"，监督党政机关和领导干部转变作风的"反射镜"，为全面改革和经济建设服务和制定决策的"外脑神经"。

（九）信访工作的要求

1. 对信息工作的要求

坚持实事求是原则，注意信息选取的价值，注意信息的系统性。

2. 对工作人员的要求

工作人员应态度和蔼、文明礼貌，认真听取信访者的意见，做好记录，并对其所提出的问题做出认真的解答；对不符合相关法律、法规、规章及政策的要求或因现实条件所限无法解答的问题，要耐心向信访者说明情况；工作人员不得接受信访者的馈赠和宴请，不得要求信访者为自己办私事；工作人员实行挂牌服务，公开接受监督。

四、技能训练

（一）基本训练

简述信访工作的职责和原则。

（二）案例分析

结合导引案例"帮助'羊城一号特困归侨'脱贫解困"，请你谈谈做好信访工作的要求。

（三）能力拓展训练

有人说，人民群众来信来访所反映和提出的问题，首先是一种"信息"，信访部门是一个综合性的信息窗口。这种信息带有动向性、倾向性和苗头性等特点。

结合上述观点，谈谈你是怎样看待信访工作的作用的。

五、任务成果展示

资料：

无理取闹的结果

到职不久的李助理被眼前的场景惊呆了：该县华西供销社被解职的四名职工，来到县供销社，找领导解决"饭碗问题"。因为县供销社支持了区社放开经营，县供销社职工下岗回家自谋出路，每月只发放生活费。在接待室里，无论李助理怎样解释政策，他们也不理睬，非要找领导解决问题不可。最后，这几个人冲出接待室，拦住正要外出办事的领导，大吵大闹。有两个中年妇女还抱住领导的脚，躺在地上一边叫喊："打死人啦，打死人啦！"一边又用头往领导身上和地上撞，以致额头上皮破血流，谁也劝阻不了。最后，还是秘书老高打电话给附近的派出所，借助强制手段，将他们带离接待室，并遣送回家，这才平息了这几个人的无理取闹。事过之后，李助理有点儿想不通：昨天为接待一位来访群众，他因面带不悦之色，受到了领导的批评，嫌他待客不热情。今天，同样是接待群众来访，为什么又要采取强制手段呢？

问题讨论：请你帮李助理解开这个疑惑。

第四节　值班管理

导引案例

忘记及时答复，招来怒气冲冲的来访人员

2010年暑假的一天，小李正在办公室值班，门口突然聚集了20多个怒气冲冲的来访人员。她心头一紧，连忙上前询问。其中一名来访人员说，他们五天前送来上访材料，当时答应三天内给予回复，但直到现在他们还没有收到任何回复。小李先安抚他们就座，热情地端茶倒水，让他们稍微平静下来。然后，小李赶紧翻看五天前的值班来访记录，果然，记录本上清楚地记录了他们的来访时间、事由、经办部门及答复时间期限。小李又翻看四天前的值班记录，发现来访材料已转人事部门办理，并拟定三天后提交校务会议研究决定。小李这时才恍然大悟，原来刚放暑假学校有不少重要工作推进，自己"抓大放小"，却忘记及时答复。按照值班记录，会议应该已经召开，并已有结果了。小李在赶紧联系人事部门并确认后，先向来访人员诚恳地道歉，坦诚地说明是由于自己个人的工作失误没有及时答复，给他们带来了不愉快。在她的诚恳致歉和耐心解释下，来访人员表示理解，并由小李引导他们到人事部门了解会议的最终结果。

值班人员要当好"质检员"，发现问题，找准症结，及早处置，防患未然；如果遇到信访事件，值班人员还要当好"灭火员"，主动介入，耐心工作，化解对方的怨气。

一、任务描述

值班工作是确保单位管理工作及时高效运转的重要手段，也是各级领导关心关注的焦点，又是做好紧急、重大、突发事件报送和处置的一项基础性工作。

二、任务分析

（一）任务目标
掌握填写值班表的方法、办公室值班工作的制度、值班室的主要任务。

（二）任务分析思路
值班工作是承上启下、联系左右、沟通内外的枢纽，如果将管理部门领导决策层比作人的"大脑"，将业务部门比作控制人肢体运动的"小脑"，那么值班室可以说是负责全身信息运转交换的"脑干"。

三、相关知识

（一）值班工作的意义和主要任务

值班工作是办公室的日常工作之一，各单位和部门值班室的任务都非常庞杂，且各有不同的特点。

1. 值班工作的意义

值班工作是各级领导关心、关注的焦点之一。值班工作是确保机关、企事业单位管理工作及时高效运转的重要手段，也是做好紧急重大突发事件报送和处置的一项基础性工作，起着联系上下、沟通左右的重要作用。值班工作是报送与处置紧急情况、重大事件的第一渠道，要做到"全天候值班""无缝隙交接班"，以确保紧急情况、重大事件第一时间处置、第一时间上报。值班工作是承上启下、联系左右、沟通内外的枢纽：值班室不仅要办好具体事务，还要在第一时间为领导搜集、汇总、整理、提供最真实、最准确、最全面、最有价值的信息，发挥好联系群众，集中民智的桥梁纽带作用，为领导决策提供有益参考。

2. 值班工作的主要任务

处理公务来电（电话、传真）；办理领导交办的事务；认真处理来函、突发事件、联系工作；随时掌握领导的外出情况，查询公务电话；办理紧急电文（如突发事件等）；向有关部门和领导报告重要情况；办理领导交办的事务；处理来访接待工作；上传下达，沟通内外，记好当天大事记（大事记主要包括：电话记录、接待记录、值班日记）；拟写值班报告（重要事项须及时拟写值班报告）；管理会议室（落实会议室并填写会议安排）；做好值班记录：主要对外来的信函、电报、反映情况、外来的电话等，进行认真登记（交接班时，要逐件交接处理事项并签名）；负责值班人员安排；协调处理安全保卫工作。

（二）值班工作组织形式

常见的值班工作组织形式有：办公室值班，值班室和总值班室值班，首长电话值班室值班，网络值班。

（三）值班工作制度

值班工作制度主要有：交接班制度，请假制度，安全、保密制度。

（四）值班表的编制

值班表以天为单位进行编制，它有利于下一班人员了解情况，保持工作的连续性；有利于领导和有关部门了解、检查考核值班工作和编写参考资料。编制值班表通常包括以下项目：值班人员姓名、带班人姓名、替班人员姓名等。

（五）注意事项

值班表常出现在为××项任务值班的办公室；值班表要填写值班者的姓名和值班时间，要标明值班地点和值班的具体任务；大型企业应设有专门的值班室，并有完善的值班管理制度；填写值班表要做到内容简明扼要、语言规范、字迹清楚、不加评论、不带个人感情、实事求是；注意做好交接班工作；要加强值班管理，最重要的是落实岗位责任制度。

四、技能训练

（一）基本训练
简述值班工作的主要任务。

（二）案例分析
结合导引案例"忘记及时答复，招来怒气冲冲的来访人员"，设计一份值班工作岗位责任制度。

（三）能力拓展训练
设计一份值班表。

五、任务成果展示

资料：

他该怎么办？

某星期天下午5时，××县工商分局办公室王助理正准备结束值班，回家休息，突然电话铃响了，电话里传来急促的声音："出事了，请局里赶快派人来。""同志，请你冷静一下，到底出了什么事，把情况说清楚。"原来，局里的一辆面包车与一辆大卡车相撞，司机重伤，另有3人受伤，车损严重，已不能开动，需要局里急速处理。

请问：如果你是王助理，你会怎么做？

第五节　活动安排与应酬管理

▼ 导引案例

失去的商机

××公司经理与×××公司经理就某合作项目安排了约见，预定在某日下午1：00开始。××公司的小李预订了约见前一晚直飞×××公司所在地A城的机票。但××公司经理认为自己工作很忙，前一晚还有其他安排，恐怕不能飞往A城。于是，小李改订次日上午8：00的机票。但是，由于××公司经理晚上工作得太晚，而早班飞机又比较早，所以最终没能赶上班机。于是，××公司经理只能立即买飞往相邻城市B城的机票，再乘大巴车赶到A城的×××公司。由于迟到，×××公司经理不悦，认为××公司对该项目的合作缺乏诚意。最终，××公司失去了与×××公司合作的机会。

一、任务描述

在办公室的日常管理工作中，要合理地安排领导的公务活动，如外事会见、会谈、宴请、礼节性拜访、仪式、庆功祝捷性活动、公务差旅、视察学习、参观访问等，让领导能够不分心、有序地工作，这是做好办公室工作的重要方面。

二、任务分析

（一）任务目标

了解商务宴请的准备、交接仪式的注意事项、商务宴请的原则；掌握在签字桌上如何安放好签字时所用的物品、媒体邀请考虑要素、开业典礼仪式的流程、交接仪式的程序、剪彩的程序、茶话会的程序、举办展览会的注意事项、确定茶话会的时间原则、开放参观活动的准备与接待工作、商务宴请活动的重要特点、剪彩的准备工作。

（二）任务分析思路

本节内容较多，学习中应抓住三条主线：一是交往礼仪，二是活动程序，三是注意事项。

三、相关知识

（一）公务活动的含义

公务活动是机关、企事业单位整合市场资源、开展市场营销活动和提升企业文化建设的重要手段。公务活动是一种职务活动。

（二）公务活动的种类

公务活动常见的有：开放参观活动，商务宴请活动，签字仪式，典礼仪式，信息发布会，股东大会，展览活动，协助上司进行商务谈判，招商活动等。

（三）合理安排公务活动

1. 开业典礼

开业典礼，是指在单位创建、开业、项目完工、落成，某一建筑物正式启用，或是某项工程正式开始之际，为了表示庆贺或纪念，而按照惯例隆重举行的专门仪式。有时，开业典礼亦称作开业仪式。举办开业典礼要遵循"热烈、隆重、节俭"的原则。

（1）开业典礼筹备工作的流程：开业典礼的舆论宣传工作（可运用传播媒介在报纸、电台、电视台广泛发布广告或在告示栏中张贴开业告示）→要做好来宾邀请工作→发放请柬→现场的布置→准备开幕词、致答词→要做好接待服务工作→要做好礼品馈赠工作→拟定典礼程序→做好各种物质的准备工作。

（2）开业典礼仪式的流程：迎宾→介绍来宾→主持人宣布典礼开始→全体起立奏乐→致开幕词→致贺词（嘉宾、上级）→宣读贺信→剪彩（或揭幕，可放鞭炮）→宣布典礼结束→赠送纪念品→组织参观（或迎接顾客、安排文艺演出）。

（3）开业典礼的接待工作：要安排各项接待事宜，事先确定签到、接待、剪彩、摄影、录像、扩音等有关服务礼仪人员。典礼仪式的接待工作包括停车接待、正门接待、服务接待。典礼仪式接待注意事项包括：热情待客，耐心服务，设置接待室。接待贵宾时，需由本单位主要负责人亲自出面接待。在接待其他来宾时则可由本单位的礼仪小姐负责。要准备贵宾留言册以及纪念品。

（4）开业典礼的礼仪规范：一般指在开业仪式筹备与运作的具体过程中应当遵从的礼仪惯例。通常，它包括两项基本内容：其一是开业典礼的筹备，即做好开业典礼的舆论宣传工作，做好来宾邀请工作，发放请柬，布置现场，准备开幕词、致答辞，做好接待服务工作，做好礼品馈赠工作，拟定典礼程序，做好各种物质准备；其二是开业典礼的运作，包括开幕仪式的主要运作程序和处理顾客的上门投诉。

（5）开业典礼的宣传工作：采用媒体广告、促销活动、邀请嘉宾等方式进行，邀请媒体记者，展示宣传内容。典礼仪式开始前要将相关材料装在特制的包装袋内发给来宾。对记者还应在其材料中添加较详细的资料，以方便记者撰写新闻稿件。宣传工作的目的是实现典礼活动的三大效应：引力效应（是指组织通过典礼活动吸引公众的注意力）、实力效应（是指通过举办大型典礼仪式，显示组织强大的实力，以增加公众对组织的信任感）和合力效应（是指开展大型典礼仪式，能增强组织内部职工、股东的向心力和凝聚力，增加公众对组织的信任感）。

2. 交接仪式

交接仪式一般是指施工单位依照合同将已经建设、安装完成的工程项目或大型设备，如厂房、商厦、宾馆、办公楼、机场、码头、车站，或飞机、轮船、火车、机械等，经验收合格后正式移交给使用单位之时，专门举行的庆祝典礼。

（1）交接仪式的礼仪：指在举行交接仪式时必须遵守的有关规范。通常，它具体包括交接仪式的准备、交接仪式的程序、交接仪式的参加三个方面的主要内容。

（2）交接仪式的准备：来宾的邀约→现场的布置→物品的预备。

（3）交接仪式的程序：具体指的是交接仪式进行时的各个步骤。不同内容的交接仪式，其具体程序往往各有不同。主办单位在拟定交接仪式的具体程序时，必须注意两个方面的重要问题。其一，必须在大的方面参照惯例执行，尽量不要标新立异，另搞一套。其二，必须实事求是、量力而行，在具体的细节方面不必事事贪大求全。从总体上来讲，几乎所有的交接仪式都少不了下述五项基本程序：

主持人宣布交接仪式正式开始→奏国歌→由施工、安装单位与接收单位正式进行有关工程项目或大型设备的交接→各方代表发言→宣布交接仪式正式结束。

（4）交接仪式的注意事项：在参加交接仪式时，不论是东道主一方还是来宾一方，都存在一个表现是否得体的问题。

①主办方：要注意仪表整洁，要注意保持风度，要注意待人友好。

②来宾方：应当致以祝贺，应当略备贺礼，应当预备贺词，应当准点到场。若不能出

席，则应尽早通知主办方。

3. 剪彩仪式

剪彩仪式，主要指的是商界的有关单位，为了庆贺公司的设立、企业的开工、宾馆的落成、商店的开张、银行的开业、大型建筑物的启用、道路或航线的开通、展销会或博览会的开幕等，而隆重举行的一项礼仪性程序。因其主要活动内容是邀请专人使用剪刀剪断被称为"彩"的红色缎带，故此被人们称为"剪彩"。

（1）剪彩的准备：红色缎带、新剪刀、白色薄纱手套、托盘、红色地毯。

（2）剪彩人员的选定：剪彩者、助剪者。

（3）剪彩的程序：请来宾就位→宣布仪式正式开始→奏国歌→进行发言→进行剪彩→进行参观。

4. 签字仪式

签字，即合同的签署。在具体操作时，它又分为草拟阶段、准备阶段与签署阶段三个阶段。

（1）签字仪式的合同草拟阶段：

①草拟合同。它的要求是：目的要明确，内容要具体，用词要标准，数据要精确，项目要完整，书面要整洁。

②具体的合同内容一般来说包括，标的、费用与期限三大要素。

③商务人员在草拟合同的具体条款时，要使"双方均受益"。

④合同的成立生效，需要履行一定的手续。

⑤为举行郑重其事的签字仪式做准备。

（2）签字仪式的准备阶段：

①签字厅有常设专用的，也有临时以会议厅、会客室来代替的。签字厅要求庄重、整洁、清静。正规的签字桌应为长桌，其上最好铺设深绿色的桌布，其他一切的陈设都不需要。

②签字桌应横放于室内，在其后可摆放适量的座椅。签署双边性合同时，可放两张座椅，供签字人就座。签署多边性合同时，可以仅放一张座椅，供各方签字人签字时轮流就座。也可为每位签字人提供座椅。签字人就座时，一般应面对正门。

③在签字桌上，应事先安放好签字时所用的以下物品：待签的合同文本；签字笔，不能使用圆珠笔；国旗（与外商签署涉外商务合同时还需在签字桌上插放有关各方的国旗，插放国旗时，在其位置与顺序上，必须按照礼宾序列而行，有关各方的国旗须插放在该方签字人座椅的前方）；座次（签字时各方代表的座次，是由主方代为先期排定的）。

• 签署双边性合同：应请客方签字人在签字桌右侧就座，主方签字人则应同时就座于签字桌左侧。双方各自的助签人，应分别站立于各自一方签字人的外侧，以便随时为签字人提供帮助；双方其他的随员，可以按照一定的顺序在己方签字人的正对面就座。也可以依照职位的高低，依次自左至右（客方）或是自右至左（主方）地列成一行，站立于己方签字人的身后。当一行站不下时，可以按照以上顺序并遵照"前高后低"的惯例，排成两行、三行或四行。原则上，双方随员人数，应大体上相近。

• 签署多边性合同：一般仅设一把签字椅。各方签字人签字时，须依照有关各方事先同意的先后顺序，依次上前签字。各自的助签人，应随之一同行动。在助签时，依"右高左低"的规矩，助签人应站立于签字人的左侧。与此同时，有关各方的随员，应按照一定的序列，面对签字桌就座或站立。

④规范好签字人员的服饰。按照规定，签字人、助签人以及随员在出席签字仪式时，应当穿着具有礼服性质的深色西服套装、中山装套装或西服套裙，并且配以白色衬衫与深色皮鞋。男士还必须系上单色领带，以示正规；在签字仪式上露面的礼仪人员、接待人员，可以穿着自己的工作制服，或是旗袍一类的礼仪性服装。

⑤准备香槟酒和高脚杯。双方在交换已签的合同文本后，为增添喜庆色彩，通行的做法是现场有关人员使用高脚杯共饮香槟酒。

(3) 签字仪式的签署阶段：

①签字仪式正式开始：有关各方人员进入签字厅，在既定的位次上各就各位。

②签字人正式签署合同文本。通常的做法是：首先签署己方保存的合同文本，接着再签署他方保存的合同文本。商务活动规定：每个签字人在己方保留的合同文本上签字时，按惯例应当名列首位。因此，每个签字人均应首先签署己方保存的合同文本，然后再交由他方签字人签字。这一做法在礼仪上称为"轮换制"。它的含义是在位次排列上，轮流使有关各方均有机会居于首位一次，以显示机会均等，各方平等。

签字人正式交换有关各方正式签署的合同文本，此时，各方签字人应热情握手，互致祝贺，并相互交换各方刚才使用过的签字笔，以示纪念。

全场人员应鼓掌表示祝贺。交换已签的合同文本后，现场人员，尤其是签字人当场喝一杯香槟酒，是国际通行的用以增添喜庆色彩的做法。

在一般情况下，商务合同在正式签署后，应提交有关方面进行公证，此后才能正式生效。

5. 新闻发布会

新闻发布会，简称发布会，有时也称记者招待会。

(1) 会议的筹备工作：确定主题、选择时间、确定地点、安排人员、准备材料、发送请柬、准备胸卡和名签、准备视听设备、制订预算计划。

(2) 媒体邀请考虑要素：是否邀请媒体人士参加，应当邀请哪些方面的媒体人士参加，应当如何处理与媒体人士的关系。

(3) 现场的应酬：参与者要注重外表，注意主办者和媒体之间相互的配合，注意讲话的分寸。

(4) 善后的事宜：了解媒体的反应，整理保存会议资料，酌情采取补救措施。

6. 展览会

展览会是一种通过实物、文字、图表、现场操作等形式来展示社会组织的成果、风貌和特征的宣传形式。

(1) 展览会的组织：确定展览会的主办单位、承办单位和协办单位，确定参展单位，布置好展览场地。

(2) 参加展览会的礼仪：努力维护整体形象，要时时处处注意礼貌待人，要善于运用解说技巧。

(3) 展览会的经费预算：展览会经费通常包括场地租用费、规划设计费、制作装修费、交通运输费、广告宣传费、交际联络费、水电费、通信费、劳务费、保险费、运输费、印刷费及其他不可预见的费用。展览会经费的使用管理，应该以预算为标准，严格遵守财务纪律和管理制度，管理和使用好经费。

(4) 确定展览会的时间、地点：大多按社会组织需要确定展览会的时间、地点，同时要考虑展览会的主题、内容。有些展览会还要充分考虑季节性，如花卉展览会、农副产品展览会等。关于展览会地点的确定，首先，考虑是否方便参观者，如是否交通便利，易找到等；其次，考虑会场空间大小和周围环境情况，会场空间大小能不能够容纳展览内容，展览会地点周围环境是否与展览会主题相得益彰；再次，考虑辅助设施是否容易配备和安置；最后，考虑展览会地点的社会发展，如社会治安状况和精神文明等。

(5) 注意事项：要根据展览会的特点、类型、对象、目的、时间和地点等方面来具体组织实施展览会。展览会（尤其大型展览会）是一项复杂的活动，必须经过精心的计划和组织。

7. 茶话会

茶话会在商界主要是指意在联络老朋友、结交新朋友的具有对外联络和招待性质的社交性集会。茶话会以茶待客，以茶会友，会上备有茶点，故此称为茶话会，有时也简称茶会。

(1) 确定茶话会的来宾：本单位的人士、本单位的顾问、社会上的贤达、合作中的伙伴、其他各方面的人士。

(2) 确定茶话会的时间原则：根据国际惯例，举行茶话会的最佳时间是下午四点钟左右。有些时候，亦可将其安排在上午十点钟左右。在具体操作时，主要以与会者（尤其是主要与会者）的方便与否以及当地人的生活习惯为确定时间的参考。

(3) 会议的座次安排形式：环绕式、散座式、圆桌式、主席式。

茶话会上的座次安排尊卑并不宜过于明显。不排座次，允许自由活动，不摆与会者的名签，乃是其常规做法。

(4) 茶叶、茶具、茶点的准备：茶叶与茶具，务必要精心准备；最好选用陶瓷器皿，并且讲究茶杯、茶碗、茶壶成套；在茶话会上还可以为与会者略备一些点心、水果或地方风味小吃；最好同时将擦手巾一并上桌。

按惯例，在茶话会举行之后，主办单位通常不再为与会者备餐。

(5) 茶话会的程序：主持人宣布茶话会正式开始→主办单位的主要负责人讲话→与会者发言→主持人略作总结→宣布茶话会至此结束。

（6）现场的发言：茶话会上的现场发言要想真正获得成功，重点在于主持人的引导得法和与会者的发言得体。

8. 开放参观活动

（1）开放参观活动准备与接待工作流程：确定开放参观活动的主题→拟定活动方案→设计开放参观活动的操作流程→明确工作人员的职责→制定接待服务的标准与要求→安排开放参观的内容→选择开放参观的时机→确定邀请对象→选择参观路线→策划宣传工作→做好解说及接待准备。

（2）注意事项：目的要明确，时机选择要得当，处理好公开与保密的关系，安排好细节问题，精心做好展示工作。

9. 商务谈判

商务谈判是指人们为了满足各自的需要，协调彼此之间的利益关系，而在一定时空条件下通过协商对话的形式达成交易的行为和过程。

（1）商务谈判的基本原则：平等自愿、协商一致原则；有偿交换、互惠互利原则；合法性原则；时效性原则；最低目标原则。

（2）商务谈判的基本要素：谈判各方、谈判的议题、谈判时间、谈判地点以及各方在谈判中使用的策略和技巧。

（3）商务谈判的技巧：是指谈判人员于谈判过程中在语言交流方面所表现出来的技能与诀窍，包括陈述、发问、答复、倾听和说服五个方面。

（4）商务谈判的步骤：一般为申明价值、创造价值和克服障碍三个步骤。

（5）谈判能力：谈判能力在每种谈判中都起着重要作用，无论是商务谈判、外交谈判，还是劳务谈判，双方谈判能力的强弱常常决定了谈判的结果。

10. 商务宴请活动

商务宴请活动是指各类企业、营利性机构或组织为了一定的商务目的而举行的宴请活动。

（1）商务宴请活动的重要特点：讲究礼仪、严肃规范。

商务宴请的礼仪和程序也都有着严格的规定，不遵守或没想到相应的礼仪就有可能冒犯对方，这些都体现了商业领域有自己约定俗成的规范，不能视之为儿戏，更不能随便想当然。

（2）商务宴请的原则：遵时守信，认清主客，尊敬他人，真诚友善，自律自重，入乡随俗。

（3）商务宴请的准备：了解对方饮食偏好，设计整个宴请的流程；谁是主宾，谁是次主宾，谁来陪客，都要一一列清，该请的请，不该请的不请，不要有遗漏；还要考虑到有些贵宾可能带有司机和秘书，尽量做到安排周全。

（4）商务宴请进行时的礼仪：见本章"第二节　接待工作"。

（5）注意事项：排好菜单、定好形式、排定座次。

四、技能训练

（一）基本训练

（1）简述交接仪式的程序、剪彩的程序、茶话会的程序。

（2）简述确定茶话会的时间原则。

（二）案例分析

请指出导引案例"失去的商机"的真正原因，从中我们应汲取哪些教训？

（三）能力拓展训练

资料：

列宁让路

有一次，列宁同志下楼，在楼梯狭窄的过道上，正碰见一个女工端着一盆水上楼。那女工一看是列宁，就要退回去给他让路。列宁阻止她说："不必这样，你端着东西已走了半截，而我现在空手，请你先过去吧！"他把"请"字说得很响亮，很亲切。然后，他紧靠着墙，等女工上楼了，才下楼。

针对这个故事，你有何感想？

五、任务成果展示

资料：

他丢尽了中国人的脸

在清朝的时候，大臣李鸿章出使俄国，在一个公开场合，他恶习发作，随地吐了一口痰，被外国记者大加渲染、嘲弄，丢尽了中国人的脸。

通过这个故事，你得到了哪些警示？

建议：从一个社会的公共文明水平，可以折射出一个社会、一个国家的文明程度。一个人如果不遵守社会文明，小则影响自身形象，大则影响国家声誉。

第六节　行政办公经费管理

▼ 导引案例

省直单位会计管理中心（省财政国库支付局）违规购买发放月饼的问题

2013年8月29日，省直单位会计管理中心主任、省财政国库支付局局长郝××主持召开局务会议，决定将××市地税局返还的"代扣代缴个人所得税手续费"转入工会，用于购买月饼。8月30日，该中心行政处将所购200份月饼券发给干部、职工，共计54 880元。9月3日，郝××再次主持召开会议，决定改由向干部、职工收取工会费，支付此笔款项。但直到纪检部门开始调查时尚未整改，费用没有支付。省纪委监察厅决定就郝××、分管后勤财务工作的副巡视员苏××和行政处副处长潘××涉嫌违纪问题立案调查。

一、任务描述

行政办公经费是指行政单位、参照公务员法管理的事业单位履行行政管理职责、维持机关运行开支的费用。

二、任务分析

（一）任务目标

了解行政办公经费管理的基本知识，理解行政办公经费管理的主要任务，掌握行政办公经费管理制度。

（二）任务分析思路

深入了解行政办公经费管理的制度，强化对行政办公经费管理的主要任务的理解，合理使用行政办公经费。

三、相关知识

（一）行政办公经费的含义

行政办公经费是各级行政机关办公室、行政管理机关领导和组织政治、经济、文化生活所需要的资金。它是机关、企事业单位行使职能的财力保证。

（二）行政办公经费的种类

行政办公经费包括：工会经费、职工教育经费、业务招待费、税金、技术转让费、无形资产摊销、咨询费、诉讼费、开办费摊销、坏账损失、公司经费、上级管理费、劳动保险费、待业保险费、董事会会费以及其他管理费用。

（三）行政办公经费管理的主要任务

严控"三公消费"，着力构建"三公消费"管理长效机制，建立健全法律体系。不折不扣地执行中央八项规定："要厉行勤俭节约，严格遵守廉洁从政有关规定，严格执行住房、车辆配备等有关工作和生活待遇的规定。"

（四）行政办公经费管理制度

行政办公经费管理制度包括：办公费、业务招待费、通信费、差旅费、交通费、三项经费（指员工福利费、职工教育经费、工会经费）、其他变动费用项目（交通费、车管费、会务费、装修费、佣金、除手机费外的其他通信费）等项目制度；费用报销制度；费用审批权限制度；等等。

（五）行政事业单位压缩办公经费开支的途径

严格控制各种会议、外出考察及公务活动；加强对人员出国、出境的管理，压缩出国、出境活动规模、团组和人员数量，做到"负增长"；严禁超预算申请各项专项经费，尤其是办公用房的建设、各种装修、办公设备的购置；凡遇重点项目的开支，需经牵头部门统一协调经费申请及使用，防止出现多头申请经费的现象；专业设备的更新，要严格按规定审批；实行分块核定、管理和使用行政办公经费。经费审批权属执行"一支笔"审批、核报原则。

四、技能训练

（一）基本训练

（1）简述办公室行政办公经费的具体项目。
（2）简述行政事业单位压缩办公经费开支的途径。

（二）案例分析

指出在导引案例"省直单位会计管理中心（省财政国库支付局）违规购买发放月饼的问题"中，局长郝××、副巡视员苏××和行政处副处长潘××被立案调查的原因是什么？他们违反了国家的哪些规定？结合案例，谈一谈行政办公经费管理的主要任务及意义。

（三）能力拓展训练

资料：

××村委会用征地补偿款组织旅游的问题

2012年5月、8月，××村委会两次组织村"两委"干部、镇干部、村民共65人以"出岛考察"的名义在旅行社安排下前往北京、天津等地旅游，花费470 292元，均从征地补偿款中支付。××市纪委监察局分别给予时任××村党支部书记林××、村委会主任陈××党内严重警告处分，目前部分当事人已退缴费用136 000元，其余款项正在追收中。

村委会用征地补偿款组织旅游的行为折射出了什么问题？

五、任务成果展示

结合本单位行政办公经费使用情况，拟定一份关于会议经费使用的制度规范。

第七节 安全与保密

导引案例

力拓事件

作为全球最大的资源开采和矿产品供应商，力拓公司不仅向全球提供铁矿石，而且还提供包括铜、铝、能源产品、黄金、钻石、工业矿物等产品。该集团拥有全球业务，中国的市场业务量仅次于北美、欧洲和日本，是力拓在全球的第四大市场，也是业务增长最快的市场。力拓集团主要向中国出口铁矿石、氧化铝、金、铜等，而其中的铁矿石在中国的市场占有率排名第一。正是因为力拓公司铁矿石的销售方是中国，所以力拓公司在中国的北京、上海、广州、香港设有代表处，而涉案人员胡××等人就是该集团在上海办事处的首席代表。

铁矿石谈判价格对于力拓公司的利润会产生重大影响，而胡××等人正是力拓公司在中国市场主要的销售负责人员。在巨大的利益驱使下，胡××等人在看到目前中国钢铁行业混乱、利益矛盾的状况后，通过拉拢、收买等不正当手段从中国钢铁企业人员处获取钢铁企业的商业秘密，例如：钢铁原料库存的周转天数、进口矿的平均成本、吨钢单位毛利、生铁的单位消耗等财物数据，以及钢铁企业的生产安排、炼钢配比、采购计划等企业内部资料。而力拓公司在掌握了中方企业的商业秘密后，彻底掌握了中国企业对于铁矿石价格的接受底线，因此在谈判过程中占尽先机。从2003年起，代表中国钢铁业的宝钢集团首次参加亚洲铁矿石价格谈判，接受了日本新日铁公司涨价18.6%的结果。从此以后，中国在与三大铁矿巨头的谈判中就开始了"六连败"的征途；2005年，新日铁与巴西淡水河谷公司达成71.5%的首发涨幅，依据早期定下的长协矿谈判规则，只要谈判的任何一方达成协议，其他各方都必须接受同一个谈判价格，中国也只能接受71.5%涨幅的价格。

办公室处于一个社会集团中的中枢位置，是直接为领导服务的重要职能部门，随时都会产生和接触大量的国家秘密、单位秘密。其工作人员知密早、知密多，为了维护国家和本单位的利益，办公室工作人员必须有很强的保密意识和保密观念，确保国家和本单位的秘密不外漏。

一、任务描述

根据办公室的职能和工作性质，办公室工作人员应重点了解办文、办会、办事三方面的保密工作规范，确保国家秘密、单位秘密的安全。

二、任务分析

（一）任务目标

理解保密、保密工作、保密管理体系的含义，掌握新《中华人民共和国保密法》（简称《保密法》）中规定的法律责任、涉密文件、涉密会议、工作规范等。

（二）任务分析思路

了解《保密法》规定的法律责任，是做好办公室安全与保密工作的前提。搜集典型案例是做好办公室安全与保密工作的借鉴法宝。

三、相关知识

（一）保密、保密工作、保密管理体系

保密，是一种不让秘密泄露，保守事物的秘密的行为。

保密工作，是指从国家的安全和利益出发，将国家秘密控制在一定的范围和时间内，防止秘密泄露以及被非法窃取利用所采取的一切必要的防范措施与手段。

保密管理体系是指由相对独立、相互依存、相互配合的保密管理诸要素所构成的有机统一整体。构成这一体系的基本要素包括：保密管理主体、管理客体、管理工具或手段、管理目标与管理绩效等。

（二）保密工作的意义

保密工作关系到国家命运，保密工作关系到国家声誉，保密工作关系到社会的安定，保密工作关系到经济发展，安全保密是企业的首要利益。

（三）国家秘密范围和社会集团秘密范围

1. 国家秘密范围

《保密法》对国家秘密的范围做了具体规定：

国家事务重大决策中的秘密事项；国防建设和武装力量活动中的秘密事项以及对外承担保密义务的事项；外交和外事活动中的秘密事项以及对外承担保密义务的事项；国民经济和社会发展中的秘密事项；科学技术中的秘密事项；维护国家安全活动和追查刑事犯罪中的秘密事项；其他经国家保密工作部门确定应当保守的国家秘密事项。

2. 社会集团秘密范围

（1）商业秘密，指社会集团进行的重大商业活动等中的秘密事项。

（2）科技秘密，指社会集团自己研究开发的科研项目等中的秘密事项。

（3）公文秘密，指社会集团具有秘密内容的文件、电报、信件、简报等。

（4）会议秘密，指社会集团内部会议的日期、议题、议程、讲话、发言、记录、录音、录像等中的秘密事项。

（5）信访秘密，指信访者的检举、控告、揭发，领导者的批示，信访案件查处的材料等。

（6）通信秘密，指社会集团的密码、网址、密码机，以及涉及密码和密码业务的文件等。

（7）领导秘密，指社会集团领导人的重大活动、办公场所和私人活动等。

小提示：社会集团是指在一定时间（如一年）、一定地区内的机关、团体、部队、学校、企业、事业等单位。

（四）密级划分为三个等级

国家秘密是指关系国家的安全和利益，依照法定程序确定，在一定时间内只限一定范围

的人员知情的事项。国家秘密的密级分为"绝密""机密""秘密"。"绝密"是最重要的国家秘密，泄露会使国家的安全和利益遭受特别严重的损害。"机密"是重要的国家秘密，泄露会使国家的安全和利益遭受到严重损害。"秘密"是一般的国家秘密，泄露会使国家的安全和利益遭受损害。国家秘密事项的密级一经确定，就要在秘密载体上做出明显的标志。标志方法应按《国家秘密文件、资料和其他物品标志的规定》执行。保守国家秘密的工作，实行积极防范、突出重点、既确保国家秘密又便利各项工作的方针。保守国家秘密是中国公民的基本义务之一。

为了有效防止定密过多过滥的现象，新修订的《保密法》严格限定了定密权限，明确规定县级机关、单位不再拥有定密权。

法律规定：确定国家秘密的密级，应当遵守定密权限。中央国家机关、省级机关及其授权的机关、单位可以确定绝密级、机密级和秘密级国家秘密；设区的市、自治州一级的机关及其授权的机关、单位可以确定机密级和秘密级国家秘密。具体的定密权限、授权范围由国家保密行政管理部门规定。

同时，新修订的《保密法》还首次对"国家秘密"作了明确定义："涉及国家安全和利益的事项，泄露后可能损害国家在政治、经济、国防、外交等领域的安全和利益的，应当确定为国家秘密。"这些具体事项包括：国家事务重大决策中的秘密事项；国防建设和武装力量活动中的秘密事项；外交和外事活动中的秘密事项以及对外承担保密义务的秘密事项；国民经济和社会发展中的秘密事项；科学技术中的秘密事项；维护国家安全活动和追查刑事犯罪中的秘密事项；经国家保密行政管理部门确定的其他秘密事项。政党的秘密事项中符合前款规定的，属于国家秘密。

（五）办公室保密

办公室工作中经常涉及的国家秘密文件大致分为两种类型，一类是本单位工作中直接生成的国家秘密事项，称为"原定密级"。另一类是转发、摘编外来涉密文件生成的密件，称为"派生密级"。办公室工作人员既要对本单位的秘密进行保密，更要对国家秘密进行保密，同时也要对个人秘密进行保密。

1. 办公室保密的特点

保密工作对象的多元性；秘密信息的难操控性；泄密危害的强破坏性。

2. 涉密文件工作规范

（1）涉密文件的定密规范。

涉密文件的定密规范的程序按照拟定、审核、审批步骤来进行。

（2）涉密文件复制管理规范。

复制的涉密文件资料须加盖专用戳记；复印文件被再复制时，仍需继续加盖戳记，使涉密文件的复制和流转过程始终受控；专用戳记应包括标明复制单位、复印份数和页数等相关信息。

3. 涉密信息存储介质管理

（1）涉密信息存储介质管理规范：涉密信息存储介质（计算机硬盘、移动硬盘、U盘、光盘、磁带、录音带等）管理应遵循"谁使用、谁负责"的原则，做好涉密信息存储介质的保密管理工作。

（2）携带涉密信息存储介质外出管理：因工作需要，一些办公室工作人员经常会有携带涉密信息存储介质外出的情况。为降低因携带涉密信息存储介质外出引发的泄密风险，应履行以下程序：因工作需要携带涉密信息存储介质外出，需填报《涉密信息存储介质携带外出审批表》→确保传递介质过程中的安全→工作完毕应及时删除介质内的涉密信息。

4.对外业务交流和宣传报道的保密管理

办公室工作经常涉及对外业务交流和宣传报道等工作事项。根据保密要求，凡属国家秘密事项，未经批准，不得公开宣传报道。对外公开报道或发布的信息，应履行一定的保密审查手续。

5.涉密音像制品的保密管理

办公室工作经常涉及摄录涉密会议、涉密领导活动等内容和事项，要确保涉密音像制品的保密安全。

6.涉密工作工勤人员的保密管理

办公室工作中的工勤人员大致包含服务员、会议室工作人员、清洁人员及其他临时聘用、借用人员。由于相关服务工作有机会涉及国家秘密，因此，需要加强对工勤人员的保密管理，防止泄密事件发生。

7.用人单位与工勤人员签订《保密承诺书》

（1）工勤人员的使用部门要经常对其遵守保密规定的情况进行监督检查，发现安全隐患要及时采取措施，并向单位保密委员会报告。

（2）工勤人员的基本保密要求：在进入办公区域进行设备安装、设施维修、保洁及其他服务时，应由指定工作人员带领，有两人以上同时在场；不准翻看、动用办公区域内的文件、资料、电脑及其他物品；不准在工作期间到工作岗位以外的办公区域走动，做与本职工作无关的事情；不准与他人谈论涉及单位或国家的秘密事项。

8.机要传输、通信及办公自动化保密管理

（1）机要传输保密管理工作流程：经部门领导同意→对拟传输的涉密文件资料进行登记、核实→将拟传输的涉密文件资料送机要室工作人员，并履行登记手续→由机要人员通过专门的交通工具安全送到指定单位或部门（对于涉密电子文档需要通过机要密码传真传送）。

（2）机要传输的基本要求：对于机要传输的涉密文件信息必须经主管领导同意；未经许可，不得擅自通过机要传输涉密文件或信息；涉密文件和信息不得通过普通传真机、普通邮寄或互联网传输；涉密电子文档或信息必须通过机要密码传真或加密的保密网络进行传输；机要通信必须选择安全的交通路线。

（3）计算机及办公自动化设备的保密工作流程：对各类计算机、存储介质及办公自动化设备在使用前，进行登记、建档、标明密级、粘贴密级标志，建立健全分类工作台账→涉密计算机应设置符合要求的三级口令：开机口令、操作系统口令和屏保口令，涉密计算机不能降密使用→涉密计算机及涉密信息系统应采用电磁干扰技术或屏蔽技术，不得连接互联网，与互联网必须实行物理隔离→定期、不定期地对涉密计算机及涉密信息系统进行安全检查，建立定期查杀病毒、漏洞检测、安全审计机制，完善技术安全防范策略→涉密计算机报废或维修前，要拆除涉密存储介质，在指定的维护维修中心进行维护、维修。

（4）办公通信保密工作流程：领导办公室、机要秘书办公室及经常涉及国家秘密信息的工作人员办公室应配备保密电话等通信工具→涉密要害部门工作人员不得擅自将移动通信工具带入工作场所→严禁使用公网电话或移动电话谈论国家秘密事项或工作秘密事项→违规使用公网电话或移动电话谈论国家秘密事项和工作秘密事项，造成后果的，依据有关规定进行处罚。

9. 公众信息用户入网的保密管理

随着办公自动化工作的普及和发展，办公室使用公众信息网和互联网的频率也越来越高。根据《计算机信息系统国际联网保密管理规定》（国保发〔1999〕10号），办公室必须加强对公众信息网和互联网的保密管理，履行必要的审批程序。

10. 接待工作的保密管理

接待工作是办公室一项十分重要的工作，工作质量的好坏影响着单位的形象。相关人员应处理好接待与保密的关系，做到有利公务、热情周到、务实节俭，既遵循接待礼仪，又不违反保密规定。

（1）外事接待保密工作流程：根据上级部门下达的外事接待要求，由外事部门负责接待工作，保密部门负责保密管理→会同保密部门、业务部门制定接待方案和保密工作预案，按照方案要求组织实施→确定外事接待场所、路线、活动范围，严格按规定的行车线路行驶，不得扩大活动范围，参与外事活动的工作人员全程陪同→外事接待中签订合同或协议时，应在合同协议中附加保密条款，明确对方的保密义务和责任→参与外事活动的人员不得擅自提供图纸、声像资料等相关资料信息，外事活动形成的相关资料按照有关规定办理和保管。

（2）企业（政务）接待保密工作流程：根据上级机关下达的接待要求、活动内容、日程安排，制定接待方案→明确接待活动的保卫保密责任人、活动路线、参观范围、参观场所→一、二级接待的警卫工作，由当地公安部门根据实际情况，制定严密的安全警卫方案，并报当地主管部门领导审批后组织实施；一、二级接待任务的信息必须加密传递；其他来宾的保卫工作应根据工作需要，由当地公安部门负责安排→当地部门领导的汇报材料由对口办公室和相关部门负责准备，并报有关领导审定；涉及国家秘密的，必须严格履行保密程序→接待活动结束后，有关接待活动的汇报材料、活动的图片、影像资料等，按照有关规定归档管理。

（六）泄密风险的评估与分析

泄密风险评估是商业秘密保护所必需的基础工作，只有通过商业秘密泄密风险评估，获得充分的泄密风险信息，企业才有可能采取有针对性的保密措施以降低泄密风险，预防泄密事件的发生，也才有可能平衡商业秘密保护投入、泄密风险和保护效果之间的关系，同时防止由于保护过度所导致的资源浪费和业务流程受阻，达到用最小的投入，获取最适当保护的效果。

（七）降低员工泄露商业秘密的风险，杜绝职务犯罪

加强关键岗位员工的入职管理，防止员工因不胜任岗位或调岗等其他原因导致泄露商业秘密；注重对在职员工的过程管理，对关键岗位员工实行全过程管理，加强行为审计和考核监督；实行离职员工契约约束制度。

（八）涉密信息泄露的途径

（1）机关单位报告：具体可以分为两种情况，一种是发生保密违法、违纪案件的机关单位向保密行政管理部门报告；另一种是发现保密违纪案件的机关单位向保密行政管理部门报告。

（2）自然人报告：自然人主要是指国家工作人员或其他公民，他们在发现国家秘密已经泄露或可能泄露时，应立即采取补救措施并及时向包括保密行政管理部门在内的有关机关单位报告。

（3）工作中发现：保密行政管理部门在日常的行政管理工作中发现的保密违法、违纪案件。

（4）案件移送：保密违法、违纪案件的移送分为系统外移送和系统内移送两大类，前者主要解决部门主管或管辖问题，后者属于应对查处工作中某些问题的技术性处理。

（5）其他来源：在案件查处工作中还可能接触到其他案件来源。

（九）涉密人员确定的原则

严格履行资格审查和保密承诺等有关涉密人员的基本管理制度，是加强涉密人员管理的前提和关键。

四、技能训练

（一）基本训练

（1）简述外事接待保密工作流程。

（2）简述办公室通信保密工作流程。

（3）简述涉密文件、涉密会议的工作规范。

（二）案例分析

导引案例"力拓事件"，给了我们什么警示？

（三）能力拓展训练

区分国家秘密与企业秘密的不同点：利益主体不同，确定方式不同，标志不同，管理方法不同，适用的法律不同，责任不同。

请你针对其中一个不同点，简述你对此的观点。

五、任务成果展示

资料：

主任错哪了？

办公室主任××将企业产品的保密文件及光盘带回家中，不巧被他太太看到了，他的太太是竞争对手公司的员工。

假如你是这位主任，你犯了哪些错误？给单位带来的危害是什么？应汲取哪些教训？应如何做好保密工作？

第八节 印章管理

◆ 导引案例

一时疏忽 漏盖公章

××银行保险股份有限公司××分公司是中国××保险股份有限公司在杭州设立的一家分公司，刘×是该公司行政助理。2005年5月12日，××分公司总经理王××将行政助理刘×叫到办公室，对她说："中国××保险股份有限公司是中国改革开放的产物，公司自成立以来，始终秉承'客户至上，服务至上'的经营理念，进入2005年以来，中国××保险股份有限公司将继续开拓，锐意创新，强化公司的各项经营管理，提升公司的核心竞争力，力争在2005—2006年两年内业务规模进入世界500强，业务品质进入全球400优。为响应总公司号召，早日实现'规模500强，品质400优'的目标，我公司决定从2005年6月1日起开展'扎实基础，提升品质，促进杭州产险持续快速发展'的活动。主要活动包括头脑风暴会、主题演讲会和合理化建议征文活动。各部门和各分支机构必须在2005年7月28日前上报活动开展情况。头脑风暴会是指每月邀请著名专业顾问前来开设讲座；主题演讲会每月一个主题，全体员工必须积极参与；合理化建议征文活动全体员工必须参与，每月评选出三篇优秀征文上报。定期上报活动组织和进行情况。"刘×听完领导的吩咐后，回到自己的办公室，迅速拟写通知。刘×写完了稿子之后，马上拿给王总经理签发，王总经理指着稿子有些急躁地说："怎么没写主送机关？落款的时间应用中文数字写，前言部分写得太啰唆，有的语句表达有语法错误，写完后先让陈主任看看……"刘×回到办公室后认真改写稿子，改完之后请办公室陈主任审核，待陈主任再次修改后，方拿给王总经理签发，王总经理看过后同意签发。刘×将这份通知编上发文字号，即"×银保〔2005〕10号"，写在发文稿纸的相应栏内，再检查一遍通知的正文内容，确定无误后，把这份发文稿拿到文印室，交给小郭打印正稿。"这份通知打印30份，我明天下午2：00来取。"小郭认真填写了打印记录。5月15日下午2：30，刘×将打印好的通知正稿从文印室取回，快速地盖章，之后将通知装入信封，封上口，寄了出去。没几天，××区营运部的张秘书打来电话询问："我们收到一封总公司的关于'扎实基础，提升品质，促进杭州产险持续快速发展'活动的通知，但没有加盖××分公司的公章，不知是不是××银行保险股份有限公司××分公司发出的？"

印章自古就是文书的重要组成部分，本节主要介绍的印章是指刻在固定质料上的代表机关、组织、单位和个人权力的图章。加盖印章，是文件生效的标志。印章具有标志作用、权威作用、法律作用和凭证作用。印章管理包括印章的刻制、启用、保管、用印、停用、存档和销毁等环节。

一、任务描述

树立单位印章是对外行使权利的标志的观念。了解印章加盖的位置与适用范围、印章的存档、销毁要求，电子印章使用规范。

二、任务分析

（一）任务目标

了解印章刻制要求；掌握印章的基本特点，印章的保管与使用，印章加盖的位置与适用范围，印章的存档与销毁要求，电子印章的特点与使用规范，怎样办理印章挂失。

（二）任务分析

印章是对外联系的标志和行使职权的凭证。学习中紧扣单位印章是对外行使权利的标志这一主线，获取相关知识。

三、相关知识

（一）印章的种类、刻制与启用

印章按其性质、作用、质量可分为正式印章、专用印章、套印章、钢印、手章、名章、戳记七大类。

印章的样式由印章的材料、印章的形状、印文的排列、印章的图案、印章的尺寸和印章的刻制要求构成。除财务专用章外，一般的印章都为圆形的。

（1）印章材料：铁质、铜质、木质、橡胶等，还有将色油或固体色料热压而成的"原子印"和"渗透印"，其无须印泥可连续使用万次以上。

（2）印章的形状：正圆形、长方形、三角形、椭圆形等。

（3）印文的排列：按规定使用国务院公布的规范简化汉字，字形为宋体，自左向右环行排列。领导人签名章则由个人书写习惯而定，民族自治机关的公章应并列刊有汉字和当地民族文字。

（4）印章的图案：县以上政府机关、法院、检察院、驻外使馆的公章的中心部位刊有国徽；党的各级机关的公章刊有党徽；企事业单位的公章则刊有五角星图案。

（5）印章的尺寸：国务院的公章，直径为 6 厘米；省、部级政府机关的公章，直径为 5 厘米；地、市、州、县机关的公章，直径为 4.5 厘米；其他机关、部门、企事业单位的公章，直径一律为 4.2 厘米（包括边框）。

（6）印章的刻制要求：刻制印章时，必须由本机关、本单位提出申请，开具公函，并详细写明印章的名称、式样和规格，经上级机关批准，到单位所在地的公安部门办理登记手续；印章在正式颁发启用前，应备文通知有关单位，注明正式启用日期，并附印模。为了防止伪造，要做印记；印模除留底外，同时上报主管部门备案。

（二）印章的保管与使用要求

1. 印章的保管要求

印章必须由专人负责保管和使用，印章管理人员就是使用者；按规定，保管者不得委托他人代盖印章，不得随意将印章带出办公室，不得将印章交他人拿走使用，更不能"齐抓共管"；印章存放的地方要装配牢固的锁；印章使用严格执行单位的"用印制度"，履行用印的审批手续；不盖人情章；印章要定期清洗，保持清洁；印章管理人员要养成精细的工作作风和良好的职业习惯，一丝不苟；印章必须严加保管，严防丢失或被盗；印章的日常保管应本着既严格管理、又方便使用的原则，确保正常工作秩序不受影响。因此，严格的保管制度同便利的使用制度是相辅相成的。

2. 印章的使用要求

专人负责，确保安全，防止污损。

印章管理人员在使用印章时应遵循以下规定：领导批准，审查内容，用印登记，盖印，留存材料，不允许出现盖有印章的空白凭证。

（三）印章加盖的位置与适用范围

用印时，盖印位置要确保恰当，盖印文件应与用印申请单份数一致。

（1）落款章：盖于文书作者的落款处，表明法定作者及文书的有效性。凡正式公文都应在文本落款处加盖落款章（普发性公文除外）。

（2）更正章：对文书书写中的夺（脱字）、衍（多字）、讹（错字）、倒（颠倒）处改正后，要加盖更正章，以作为法定作者自行更正的凭信。一般不要使用刊有"校对"字样的小印章作为更正章，以杜绝作弊现象。

（3）证见章：对以他人名义出现的文书盖章作证。如两单位签订合同，须请双方上级主管部门加印证见；旁证材料由旁证人所在单位加印证见；摘抄档案内容要由档案保管部门加印证见。

（4）骑缝章：介绍信与存根衔接处须骑缝加盖印章，以便必要时查核、对同。

（5）骑边章：重要案件的调查、旁证、座谈记录等材料很多是由调查人亲自做笔录的。为完备手续起见，除了应由当事人盖落款章，所在机关盖证见章外，还必须将该材料多页沿边取齐后均匀错开，从首页到末页，骑各页之边，加盖一个完整公章，以证明该材料各页是同时形成的，杜绝日后改易之弊。

（6）弥封章：在秘密件公文封套的封口处加盖公章，以确保在传递中无私拆之弊。如调查档案、印制公务员考试试卷时，于封口处用盖有印章的纸条加以弥缝密封。

（7）封存章：在封条上加盖印章，以封存账册、文件橱、财物、仓库、住房等。常在节假日前夕或特殊情况下使用封存章。

（四）印章的停用、存档和销毁

（1）印章的停用原因：单位机构变动致使单位或部门名称发生改变；印章损坏；印章遗失或被窃，声明作废。

（2）印章停用后的善后工作：发文给予与本单位有工作、业务往来的单位，告知本单位已停止印章的使用，并说明停用的原因，标明停用的印模和停用的时间，以及新启用印章的印模和启用时间。要彻底清查所有的停用印章。

（3）印章的存档：停用的废印章不能在原单位长期留存，根据不同的情况处理，或者上缴颁发机构切角封存，或由印章作废单位填制作废印章卡片，连同作废印章一起交给当地档案馆（室）立卷备查，并将作废印章予以销毁。

（4）印章的销毁：销毁废旧印章必须报请单位负责人批准，销毁时交公安部门统一销毁。所有销毁的废旧印章都要留下印模保存起来，以备日后查验。印章的取回和销毁都应该有两人参与。

（五）电子印章的使用和管理

电子印章技术以先进的数字技术模拟传统实物印章，其管理、使用方式符合实物印章的习惯和体验，其加盖的电子文件具有与实物印章加盖的纸张文件相同的外观、相同的有效性和相似的使用方式。

电子印章分为电子公章和电子名章，它是将公章或名章通过 PKI（public key infrastructure，关键绩实指标）技术进行加密，以数字认证存储介质的方式，在电子文件中应用的电子版的印章。电子印章及管理系统须经政府授权后方可制作。电子印章实际上就是数字签名加印鉴，数字签名是安全的保证，而印鉴则是权威的象征。

1. 电子印章的基本特点

在整个使用过程中将电子签名技术完全隐藏在电子印章的后面，使人们光靠日常经验就能使用，无须额外学习理解这些艰深的技术和概念。电子印章成为签名有效的表现形式；一个实物印章只能对应一个电子印章；电子印章必须存储在可移动介质上（如 U 盘）；为了使加盖电子印章后的电子文件与纸张文件有相同的外观等特性，必须采用数字纸张技术。

2. 电子印章的使用规范

电子印章的形状、印文、图案、尺寸规格等外观形式以及法定效力与正式印章相同。电子印章必须由上级机关统一制作颁发，任何单位不得自行制作使用，也不得私自复制电子印章。电子印章及密码必须由指定的管理人员保管和使用。管理人员不得向任何人提供操作程序、电子印章及密码；管理人员如有变动，应立即通知颁发机关，以便及时更改密码。电子印章只用于电子文书，其盖章位置与纸质正式公文相同。电子印章的停用和销毁管理要求与正式印章相同。

（六）怎样办理印章挂失

各单位预留银行印鉴的印章遗失后，应当出具公函，填写"更换印鉴申请书"，由开户银行办理更换印鉴手续。遗失个人名章的由开户单位备函证明，遗失单位公章的由上级主管单位备函证明。经银行同意后按规定办法更换印鉴，并在新印鉴卡上注明情况。

若发生电子印章遗失事件，应立即到电子印章平台（中心）进行挂失，其过程与证书作废处理方式相似。

四、技能训练

（一）基本训练

怎样办理印章挂失？

（二）案例分析

结合导引案例"一时疏忽 漏盖公章"，谈谈印章的作用及相关的使用制度。

（三）能力拓展训练

《党政机关公文处理工作条例》规定，务必使印章与正文同处一面，不得采取标志"此页无正文"的方法处理。请你列举1~2种满足此规定的具体处理方法。

五、任务成果展示

结合导引案例"一时疏忽 漏盖公章"，谈谈应如何加强印章管理。

第九节 外事工作管理

导引案例

礼的烦恼

20世纪50年代，中国驻英代表呈递国书时，英方要求我代表穿燕尾服，后来经中方解释说，中山服是中国最庄重的礼服，英方就同意了。到伊斯兰国家去不能用猪皮制品送礼，要注意当地的习俗。阿拉伯国家的妇女比较守旧，到人家家里做客不要问主人的身体如何。缅甸、泰国佛教绝不吃荤，印度人不吃牛肉。有一次美国肯尼迪夫人访印时，带了几箱礼品，其中有一箱全是牛皮制造的相框，结果弄得很难堪。

一、任务描述

外事工作是一项政治性和政策性很强的工作。它对认真执行国家的外交政策，维护祖国的荣誉、民族的尊严和人民的利益,加强同世界各国经济、技术和文化的交流,促进各国人民之间的友谊和世界和平,有着非常重要的作用。

二、任务分析

(一)任务目标

理解外事工作的特点,掌握外事工作者的道德规范、外事工作原则和外事礼仪。

(二)任务分析思路

要与实践相结合,强化对外事礼仪规范的记忆。

三、相关知识

(一)外事工作的含义

外事,意即与境外进行沟通交涉。外事工作主要是指根据本国的对外方针政策,来组织安排对外交往的有关活动。

(二)外事工作的特点

鲜明的政治性与高度的政策性相结合;复杂的综合性与协调的双向性相结合;工作的时效性与严格的纪律性相结合。

(三)外事工作者的道德规范

无限忠于祖国、忠于人民,把祖国的利益看得高于一切,自觉维护祖国的荣誉、民族的尊严和人民的利益。要有民族自尊心、自信心和自豪感;坚决执行党的外交路线和对外工作的方针、政策,加强同各国人民的友谊和团结;严格遵守外事工作纪律,严守党和国家的机密,遵守所在国的法令;认真学习马列主义、毛泽东思想,学习党的外事工作的路线、方针和政策,钻研外事工作业务,不断提高自身的思想政治水平和外事工作能力;严格要求自己,廉洁奉公,自觉抵制资产阶级腐朽思想和生活方式的侵蚀。

(四)外事工作的原则

平等友好,内外有别;不牟私利,文明礼貌;维护形象、不卑不亢;求同存异、入乡随俗;信守约定、热情有度;不必过谦、尊重隐私;女士优先、爱护环境;以右为尊,宾至如归。

(五)外事接待活动的礼宾次序

按身份与职务的高低次序排列;按来宾所在国家或地区名称的拉丁字母的先后次序排列;按代表团组成的日期先后次序排列;按照来宾抵达现场的具体时间次序排列;不刻意安排次序。

(六)外事工作的基本礼仪规范

容貌端庄、举止大方;行为稳重、不卑不亢;态度和蔼、待人诚恳;服饰规范、整洁挺括;打扮得体,淡妆素抹;训练有素、言行得当,这些是外事工作的基本礼仪规范。但不同的国家、民族,具有不同的历史、宗教等因素,在从事外事工作时,应尊重其特殊的风俗习惯和礼节(相关内容见本章"第二节 接待工作")。

四、技能训练

（一）基本训练

（1）简述外事工作者的道德规范。

（2）简述外事礼仪。

（二）案例分析

从导引案例"礼的烦恼"中可以看出，由于不同的历史、文化、宗教等原因，国情千差万别，不论到哪里都要首先打听当地的风俗习惯、注意禁忌。请你用了解到的案例谈谈不懂"礼"而带来的烦恼。

（三）能力拓展训练

通过网络查询，了解亚洲地区（1～2个国家）和欧洲地区（1～2个国家）的见面礼仪。

五、任务成果展示

资料：

外交礼仪礼宾通则

外交礼仪礼宾通则的内容包括：维护形象、不卑不亢、求同存异、入乡随俗、信守约定、热情有度、不必过谦、尊重隐私、女士优先、爱护环境、以右为尊。

请你举例分析"外交礼仪礼宾通则"中的1～2个内容要求。

第十节　后勤事务管理

导引案例

公车私用

2013年2月12日中午，××街城管执法中队值班队员开执法车到××农庄用餐，被媒体发现并拍照上网，引发网络热议。经查实违规使用的公车车牌号为：粤××××××。

处理结果：

（1）相关当事人作书面检查。

（2）对相关当事人通报批评。

（3）责成相关当事人上缴使用车辆的费用。

后勤事务管理是一项十分重要的工作，其主要任务是为领导和各部门提供服务，对整个组织系统工作起保障作用。后勤事务管理是组织做好各项工作的重要保障和基础。规模较大的机关单位的后勤服务工作不属于办公室工作，规模较小的机关单位的办公室则常常要承担一些后勤服务工作。

一、任务描述

为确保机关内部各环节良好运作，使后勤事务管理能够更加科学化、精细化，如何提高后勤事务管理水平也就成为当前各单位的工作焦点。

二、任务分析

（一）任务目标

了解办公用房及用品管理、财务管理、后勤工作的特点，掌握车辆管理的方法。

（二）任务分析思路

围绕中央八项规定，六项禁令学习。

三、相关知识

（一）办公室后勤事务管理的内容

为领导服务，办公用房及用品管理，车辆管理，财务管理。

（二）后勤事务管理的特点

广泛性、服务性、和谐性、琐碎性、时效性、协调性、突击性。

（三）办公用房及用品管理

1. 办公用房管理

单位所有的办公用房都应归办公室管理，任何部门和个人不得私自占用。

2. 办公用房分配

根据单位办公用房的多少和国家有关规定分配，一般可以单位领导和中层干部每人1间，职工两人1间；也可以单位的领导和中层干部的正职每人1间，中层干部的副职两人1间，职工3～4人1间。

3. 办公用品采购和管理

办公用品的购买要本着适用、节俭的原则，按照中央八项规定、六项禁令、实际需要办理，防止铺张浪费。

（1）易耗办公用品包括笔、墨、纸张等，要根据实际需要随时自行购买，适当充实库存；贵重的办公用品如电脑等，要根据实际需要情况，提前编制计划，申报集中统一采购。

（2）办公用品的管理应按照"谁使用，谁管理"的原则进行。

（四）车辆管理

1. 车辆配备

要根据单位用车的实际情况，按照国家的有关规定合理计划，及时报批，以满足单位公务用车的要求。

为了鼓励技术进步、节约资源、促进汽车消费，根据2013年最新的《机动车强制报废标准规定》，各类机动车使用年限分别如下：

小、微型出租客运汽车使用8年，中型出租客运汽车使用10年，大型出租客运汽车使用12年；租赁载客汽车使用15年；其他小、微型营运载客汽车使用10年，大、中型营运载客汽车使用15年；大、中型非营运载客汽车（大型轿车除外）使用20年；三轮汽车、装用单缸发动机的低速货车使用9年，装用多缸发动机的低速货车以及微型载货汽车使用12年，危险品运输载货汽车使用10年，其他载货汽车（包括半挂牵引车和全挂牵引车）使用15年；有载货功能的专项作业车使用15年，无载货功能的专项作业车使用30年；全挂车、危险品运输半挂车使用10年，集装箱半挂车20年，其他半挂车使用15年。

对小、微型出租客运汽车（纯电动汽车除外）和摩托车，省、自治区、直辖市人民政府有关部门可结合本地实际情况，制定严于上述使用年限的规定，但小、微型出租客运汽车不得低于6年，正三轮摩托车不得低于10年，其他摩托车不得低于11年。

2. 车辆调度

单位应制定用车规章制度，明确用车人及相关用车程序。车辆调度应按规定程序办理。

3. 车辆维修保养

应按相关规定进行车辆的维修和保养。

4. 爱岗敬业教育

对驾驶员要经常进行爱岗敬业教育。

5. 技能培训

对驾驶员进行技能培训是确保驾驶员做好工作的重要手段。

（五）财务管理

财务管理包括财务预决算，财务监督、账簿、凭证、报表归档工作。

（六）做好后勤事务管理的要求

根据前面所谈的后勤服务工作的特点、手段，以提高效益为目的，凸显以人为本的原则，加强本单位后勤管理工作。以搞好服务保障为基础，科学管理，积极探索，大胆实践。

四、技能训练

（一）基本训练

(1) 简述办公室后勤事务管理内容。

(2) 简述易耗办公用品的种类及采购、管理办法。

（二）案例分析

结合导引案例"公车私用"，谈谈你了解到的公车私用案例。

（三）能力拓展训练

拟写一份你所在单位的用车管理制度。

五、任务成果展示

资料：

用经济手段管理车队

用经济手段管理车队，实行经济核算，充分调动人的积极性，最大限度地发挥车辆的效能，以最小的劳动消耗和经济付出，获得最大的经济效益和社会效益。把车队每个职工的经济利益同他完成的工作量、服务态度、服务质量、执行纪律、政治和业务学习等挂起钩来，调动职工的积极性，提高服务质量。同时，加强车辆维修管理，严控车辆维修费用。

依据以上管理车队的理念，设计一份车辆维修绩效考核办法。

第十一节 办公效率与时间管理

导引案例

工作备忘录

2008年2月22日（周五）16：00，北京××科技有限公司总经理办公室行政助理李××已经处理完成了这一天的工作，开始整理本周（2.17～2.22）的工作记录。他首先梳理出本周未完成的工作事项，确认均不是因本周工作拖延所至，其完成时间应为下周，于是确定了下周的备忘事项，开始制作下周的工作备忘录。李助理制作的备忘录按照日期排序，从周一至周五，每天一栏；在每栏中又用序号排列工作事项，并依次标明交办时间、交办人、完成时间、完成情况、注意事项等。这样，哪天事多、事少，或者无事，一目了然，备忘录的作用十分明显。17：05完成了上述全部工作后，李助理才下班。

一、任务描述

要想提高组织的生产经营效率与社会效益，就必须加强时间管理。办公室作为单位的枢纽部门，工作繁杂，更需要合理地分配和利用时间，树立时间管理意识，掌握科学的时间管理方法，以提高工作效率。

二、任务分析

（一）任务目标要求

了解办公室工作效率的三大课题、时间管理的意义、阻碍工作效率的"杀手"，理解办公室效率、时间管理的含义，掌握第三代时间管理理论，培养良好的工作习惯和时间管理的行为。

（二）任务分析思路

树立时间管理的意识，培养良好的工作习惯和时间管理的行为。

三、相关知识

（一）效率、办公室效率、时间管理的含义

1. 效率

效率（efficiency）是指有用功率对驱动功率的比值，同时也引申出了多种含义：它是指单位时间里实际完成的工作量。从管理学角度来讲，效率是指在特定时间内，组织的各种投入与产出之间的比率关系。

2. 办公室效率

办公室效率是指在特定时间内，完成办公室工作量与产生实际效果的比率关系。

3. 时间管理

时间管理（time management）就是用技巧、技术和工具帮助人们在有限的时间内完成工作，实现目标。

（二）时间管理和效率的关系

1. 时间管理和效率是相辅相成的

"时间就是金钱，效率就是生命。"单位评价办公室的工作质量，不是看你有多忙，而是看你的工作是否有效输出；领导评价一个主管，不是看你的忙闲，而是看你的成效。忙不等于有价值。

$$工作的成功 = 时间 \times 速度$$

2. 办公室工作效率的三大课题

办公室是综合性办事与服务机构，具有承上启下、协调左右、沟通内外的重要职能，担负着参谋助手、督查督办、综合协调、沟通信息、管理公文、服务接待等方面的工作。这些工作既繁复琐碎，又不可或缺，其质量和效率的高低，直接影响到一个单位的管理水平和精神风貌。实践证明，要提高办公室工作人员的工作效率，必须探讨以下三大课题：

（1）怎样工作：如何才能做到除又好又快之外，还要确实、不出错？

（2）怎样把握：正确地做事，还是做正确的事？

（3）怎样处理：先做领导的事，还是先做自己的事？

（三）时间管理的目的和意义

1. 时间管理的目的

除了要决定你该做些什么事情之外，还要确定什么事情先做，什么事情不应该做。时间管理不是完全的掌控，而是降低变动性。时间管理最重要的功能是通过事先的规划，作为一种提醒与指引。

2. 时间管理的意义

时间就是潜在的资本，时间就是金钱，时间就是资源，时间就是自己的一生。时间管理

就是竞争管理，时间管理就是自我管理。

（四）阻碍工作效率的"杀手"

没有时间观念；干扰太多，有后顾之忧；做事方法不对，坏习惯太多；没有好的工具，懒得学；不懂得拒绝，不好意思拒绝；基本功不足；沟通能力不好，欠佳协调；外在环境不能协调；技能不足，不求进步；观念守旧，信息赶不上时代要求。这些"杀手"使办公室工作人员不能适应办公室工作，不能充分发挥领导的"助手"和"左右手"的作用。

（五）时间管理理论

1. 四代时间管理理论

第一代时间管理理论着重利用便条与备忘录，在忙碌中调配人的时间与精力。

具体做法是：设计每日检查表，在此表上注明应完成、待办、未完成的事项、计划。此方法的技巧是找到适合自己的工具，如制作自己的电话留言条、会议检查表等。

第二代时间管理日历法，反映出时间管理理论已注意到规划未来的重要性。

第三代时间优先级管理，讲求优先顺序的观念，即把要做的事情区分轻重缓急，又叫ABCD法则。

A. 重要且紧急——必须立刻做。这是第一级的优先管理，又称为危机管理，这一部分的工作占所有事情的3%～5%。这一类的事情包括重大的危机、有限期的压力，如公司面临罢工或倒闭，急需做出重大决策。

B. 紧急但不重要（如有人因为打麻将"三缺一"而紧急约你，有人突然打电话请你吃饭等）——只有在优先考虑了重要的事情后，再来考虑这类事。人们常犯的毛病是把"紧急"当成优先原则。其实，许多看似很紧急的事，拖一拖，甚至不办，也无关大局。这是第二级的优先管理，可以说是经常性事务的管理。这一部分的工作大约占所有事情的50%，一个人每天上班都有一半的时间在处理经常性事务，如开会、接电话、写报告、看电子邮件等。

C. 重要但不紧急（如学习、做计划、与人谈心、体检等）——只要是没有第一类事的压力，就应该将其当成紧急的事去做，不要拖延。这是第三级的优先管理，称为未来的管理。这一部分的工作占所有事情的7%～10%，也可以说是未来发生会影响到现在，现在发生会影响到未来的事务。这一类的事务包括有未来发展、营销、生涯规划、人际关系、客户关系维系，沟通与协调，休闲等。这也是人生中最容易被忽略却最重要的一个部分。

D. 既不紧急也不重要（如娱乐、消遣等）——有闲工夫再说。第四级的优先管理，则是指例行性事务，这与第三级很相似，但是指每天都会发生的，大约占所有事情的30%。好比开机、关机、刷卡、打印、吃饭、上厕所等，是无论如何都要做的事情。

第四代时间管理理论依据事情的轻重缓急设定短、中、长期目标，再逐日制订实现目标的计划，将有限的时间、精力加以分配，争取达到最高的效率。这种做法有它可取的地方。但也有人发现，过分强调效率，把时间绷得死死的，反而会产生反效果，使人失去增进感情、满足个人需要以及享受意外之喜的机会。于是，许多人放弃了这种过于死板、拘束的时间管理法，返回到前两代的做法，以保持生活的品质。

把握办公室工作人员对第三代时间优先级管理的运用：紧急的事情（老板今天的交代、临时状况、救火、抢险等）；重要的事情（工作计划、会见客户、重要活动）；经常性的事务（参加会议、公文档案整理）；例行性的事务（打卡、打电话、上厕所）。

第四代时间管理理论主张管理的关键在于个人管理而非时间管理。要把重心维持在产出和产能的平衡上，承认人比事更重要。

2. 巴瑞多的80/20原理

维佛列多·巴瑞多是18世纪末19世纪初的意大利社会学家。巴瑞多曾提出，在意大利，80%的财富被20%的人所拥有，并且这种经济趋势存在普遍性——这就是著名的"80/20原理"。

根据此原理推论，办公室事务80%的价值来自20%的因子。80%：琐碎的多数事务；20%：重要的少数事务。即80%的时间产生20%的成效；20%的时间产生80%的成效。

3. 柏金森的时间底限定律

开始成长的团体在人员增加、办公室加大、使用设备添设更新后，也开始降低整体工作成效。这由于原来的工作被细分为更多的工作，需要更多的人员来处理，中间阶级变多了，相关单位变多了，需要开的会变多了。然而，会议的结论变多了，团体的目标也模糊了。

在组织中，柏金森的时间底限定律时时存在：当一个人工作量不多的时候，他不会建议调整组织结构，或要求有更多的事做，他只会故作忙碌状。这就是扩充工作来填满时间的效用。许多员工都会有这种自然倾向，其结果就是"工作导向"而非"成果导向"。

（六）工作习惯和时间管理

习惯成自然，自然成命运。办公室工作人员如果固执己见，就会永远遵循同一个模式工作，即不知进取。如何日新月异，找到更新的方法来处理手边的事务，请参考以下做法：

1. 公文存放有序

常见的公文存放方法：按来文的单位行政级别大小存放；按内容性质存放，如党群工作、行政工作等；按公文体式存放，如通报、请示、通知等；从本职工作出发，把上述三种形式结合起来，兼顾单位、内容、体式。不管选择哪种存放方式，一定要分类清楚、摆放有序，达到查找容易的目的。

小提示： 公文存放，看起来是件小事，却反映了一个人的工作责任心、组织能力、处事态度、办事效率、可依赖程度，甚至可以从中看出一个人的性格和为人。

2. 让记录本成为好"秘书"

办公室工作，大至为领导决策服务，小至收发文件、通知开会，比较繁杂，办好了一件事，理所当然，算不上成绩，但如果把一件事忘了，那就可能影响大局。人的精力是有限的，有时又受到外界的干扰，要把什么事情都记住，单凭脑子是不行的，因此需要借助工具。在诸多工具中，最原始，也是最可靠、最基本的工具就是小本子。这个小本子主要记录的内容是：当日自己的主要活动，本单位的大事，领导交办的事情，别人交办的事情或反映的情况，自己想到的事情和对完成好任务的设想等。把事情记下来之后，经常翻一翻，急事马上办；一般的事列入计划办；要领导点头的事，及时报告。记载的方式不必太正规，字迹自己能看得懂就行，文字上也不必仔细推敲；事情的时间、地点、人、物等如实记载，一般情况下，一事一记，这样办完一件可划掉一件。

小提示：公事是每天要办的，公文是经常"流动"的。因此，还要注意经常整理公文。

3. 迅速办事不忘事

要做到不忘事，最根本的办法就是把事情办了。在具体方法上应注意：想到就做，即时事即时做，当日事当日毕，成为自己和领导的"闹钟"。

4. 沉着应对，正确做事

领导给予的事，常是集中的、有期限的，不是分散的，因为所有事都是突发的。不慌不乱依据事情的优先级，在最紧急的时候，把握最后一分钟再确认一次，而不要急着"交卷"，急着做完。

5. 帮助领导，管理好他的时间

别把领导的行程表排得太满；帮领导控制访客和会议的时间；设置闹钟提醒领导时间到了；做好决策，减轻领导的负担；运用更好的工具提升工作效率；制定出差行程表；选择适合的旅行社；预先订位（飞机、旅馆、地面交通工具）；注意机票的种类、有效期与票价；熟悉航空公司订位系统、行李限制及机场手续；了解预定旅馆、租车、出国的注意事项；备好客户的联络地址、当地货币、护照、签证、行程表。

帮领导控制访客和会议时间：在会议室门口挂上牌子，提醒其他访客不得进入，使会议不被中断或被干扰就不会浪费时间；在访客进门之前的寒暄过程中，可以提醒访客或者领导明确的时间，例如下一个访客将要来临的时间，或者是这个访客大概可以占用多少时间；如果是会议进行中，在议程表里面应该写明每个讨论预定多少时间，主席必须控制会议进程；办公室工作人员可以利用定时器或者中间倒茶水的时间，协助主席了解时间，也可以利用传纸条的方式，提醒主席会议进行的时间。

帮助自己管理好时间：尽量提早上班，延后下班；凡事先想再做，而不是先做再想；学习时间优先级管理；培养自身良好的沟通能力，快速传达领导的正确旨意；充分利用零碎时间。

为自己设定时间底线：搞清楚这项工作何时必须完成。搞清楚领导最希望你何时完成这项工作。

四、技能训练

（一）基本训练

简述阻碍工作效率的"杀手"。

（二）案例分析

结合导引案例"工作备忘录",谈谈它在办公室时间管理上的作用。

（三）能力拓展

讨论四代时间管理理论的优劣得失。

五、任务成果展示

有的办公桌抽屉就像一个"字纸篓",各种文件随便一塞,乱作一团。有的办公室就像一个"破烂市场",公文这放一点儿,那放一点儿。在这几种情况下,要在"文山"里找一份公文,可谓是"难于上青天",不急出一头汗是找不到的。不少急办的事就是因为压在了"文山"里而被耽误了。有的文件甚至根本找不到了——很可能真的被当作垃圾处理了。这样,一是容易误事,二是容易泄密,造成严重后果。

请你谈谈,上述这种现象反映了一个人的什么工作状态?其后果是什么?

建议：从办公室工作人员的责任、能力、处事、效率、信用、人品等方面进行阐述。

本章小结

日常事务管理是办公室职能的具体体现,也是办公室工作人员的基本能力,特别是接待工作、办公环境管理、值班管理、公务活动、安全与保密工作、印章管理、外事工作管理、办公效率和时间管理等尤为重要。本章知识点多,要紧紧抓住流程、礼仪、职责三条主线进行学习、记忆和掌握,从而使办公室工作人员在日常事务管理中起到领导的"助手"和"左右手"的作用。

第五章

文书写作实务

教学目的与要求

- 了解：文书的分类
- 掌握：准确运用书面沟通方法，拟写事务文书、商务文书的方法与技巧

第一节　文书写作概述

导引案例

喝××酒办糊涂事

湖北××市以"红头文件"的形式，给××酒业公司的产品"××酒"进行促销，并且规定指标，给下属分配任务；还倡导所属各地各单位的领导干部们不仅要喝酒，而且还要通过各自的渠道进行推销，并规定了奖惩措施，完成任务的将按销售额的10%予以奖励；对在公务接待中不按规定用酒，完不成年度使用和促销计划的地方和单位将予以通报批评；等等。在我们国家正进行反腐倡廉、整顿党风政风的今天，居然还有这样的事发生，不算是21世纪的奇观吗！

公文是在党政机关、人民团体、企事业单位履行职责、处理公务过程中形成的，按照规定程序办理并在法定的范围内使用的、具有特定效力和规范体式的文书，是传达贯彻党和国家的方针政策，公布法规、规章或管理规章，施行行政措施和领导管理职能，指导、布置和商洽工作，请示和答复问题，报告、通报和交流情况等的重要手段和工具。公务文书是本章研究的主要内容。

一、任务描述

公文写作不同于一般文章写作，也区别于论文写作，它属于应用写作范畴。一份好的公文，没有一定的政治理论水平、广博的科学知识、丰富的实际材料和熟练的表达技巧等是写不出来的。

二、任务分析

（一）任务目标
理解党政机关公文的适用范围、公文含义，掌握行文方向、行文规则。

（二）任务分析思路
建立公文的入门认知，学习中以记忆为主。公文的正文结构，是公文写作的难点。

三、相关知识

（一）文书

1. 文书的含义

文书，文字图籍，也指公文、书信、契约等，或从事公文写作的岗位。

文书是一种人们用来记录信息、交流信息和发布信息的工具。也就是说，一切书面文字材料，都可以被称为文书。

文书包括私人文书和公务文书两种。所谓私人文书，就是指个人或家庭、家族在自己的活动中或私人相互之间的交往中形成和使用的私人书信、日记、自传、遗嘱、家谱、著作手稿以及房契、地契等。私人文书不是本章的研究重点。简而言之，文书是信息传递的一种重要载体、一种基本工具、一种稳定形式。

2. 公文、文件、应用文的含义

（1）公文：全称公务文书，是指行政机关在行政管理活动中产生的，按照严格的、法定的生效程序和规范格式制定的具有传递信息和记录作用的书面文件，是管理党政机关的重要文字工具。

（2）文件：是指机关、团体、企事业单位之间，正式行使的具有统一格式和行文关系的公文。它是公文中的一部分，或者说是公文中的主要部分。

（3）应用文：是各级机关、企事业单位、社会团体以及个人处理事务中经常应用的具有一定格式的文体总称。

总之，应用文囊括了文书、公文、文件的相关内容，而文书、公文、文件这三个词的含义基本上是相同的。但严格地说，它们之间既有含义宽窄之差，也有习惯称呼之别。三者之间的差别，不在其内涵，而在其外延。根据习惯的称呼，它们在不同的地方，或用文书，或用公文，或用文件。

3. 文书的分类

（1）按使用领域划分：通用文书和专用文书。

（2）按办理时限要求划分：限时文件（包括特急件、加急件），非限时文件（也称平件、普通文件）。

（3）按发文传递方向划分：上行文（向上级机关的行文），下行文（向下级机关的行文），平行文（向平级机关的行文）。

（4）按涉密程度划分："绝密"文书、"机密"文书、"秘密"文书。

(5) 按内容性质划分：规约性文书、领导指导性文书、报请商洽性文书、契约性文书。

4. 文书的处理程序

见本书第六章的相关内容。

（二）公文

1. 公文的特点、任务、作用

(1) 公文的特点：公文是在公务活动中形成的。公文的作者是法定的组织或其法定代表人，公文以规范的体式和文字为信息表达方式，公文是国家进行管理的一种重要工具。显然，公文具有的特点包括：鲜明的政治性、政策性和客观的真实性，特殊的工具性，作者的法定性，被动性和受命性，法定的权威性和约束力，特定的时效性，特定的保密性，表现形式的程式化和模式化，严格的办理程序，庄重、朴实、准确、精练的语体。

(2) 公文的任务：发布法律、法规、规章、制度；部署工作，领导和指挥下级机关、下辖单位及所属工作人员开展各项活动；传递信息，维系正常的公务活动；打击敌人、震慑坏人，制止不良的行为和现象，维护社会秩序；教育、引导群众，弘扬正气。

(3) 公文的作用：领导指导作用，联系公务作用，宣传教育作用，凭证依据作用，规范言行作用。

2. 党政机关的公文适用范围

(1) 决议，适用于会议讨论通过的重大决策事项。

(2) 决定，适用于对重要事项做出决策和部署、奖惩有关单位和人员、变更或者撤销下级机关不适当的决定事项。

(3) 命令（令），适用于公布行政法规和规章、宣布施行重大强制性措施、批准授予和晋升衔级、嘉奖有关单位和个人。

(4) 公报，适用于公布重要决定或者重大事项。

(5) 公告，适用于向国内外宣布重要事项或者法定事项。

(6) 通告，适用于在一定范围内公布应当遵守或者周知的事项。

(7) 意见，适用于对重要问题提出见解和处理办法。

(8) 通知，适用于发布、传达要求下级机关执行和有关单位周知或者执行的事项，批转、转发公文。

(9) 通报，适用于表彰先进、批评错误、传达重要精神和告知重要情况。

(10) 报告，适用于向上级机关汇报工作，反映情况，回复上级机关的询问。

(11) 请示，适用于向上级机关请求指示、批准事项。

(12) 批复，适用于答复下级机关请示事项。

(13) 议案，适用于各级人民政府按照法律程序向同级人民代表大会或者人民代表大会常务委员会提请审议事项。

(14) 函，适用于不相隶属机关之间商洽工作、询问和答复问题、请求批准和答复审批事项。

（15）纪要，适用于记载会议主要情况和议定事项。
3. 公文行文的特殊规定
（1）行政隶属关系制约行文文种的选择，也就是说，公文行文要依据行政隶属关系和行文关系恰当地选择正确文种。

知识链接： 组织与组织之间的行政隶属关系：一是组织上的领导与被领导关系，二是业务上的指导与被指导关系。二者有一便具有行政隶属关系。

（2）行文方向：指以发文机关为立足点，根据工作需要和行文关系，公文向不同层次的机关单位运行的去向。
（3）行文方式：一是逐级行文，即只对直属上一级机关或下一级机关制发公文；二是多级行文，指将公文同时发送给上几级或下几级机关，甚至直达基层与人民群众直接见面；三是越级行文，指下级机关越过自己的直接领导机关向更高的上级领导机关甚至中央机关直接的行文。一般不得越级行文。
4. 行文要求
确有必要，讲求实效，注重针对性和可操作性。
5. 行文规则
（1）上行文规则：原则上主送一个上级机关，根据需要同时抄送相关上级机关和同级机关，不抄送下级机关；党委、政府的部门向上级主管部门请示、报告重大事项，应当经本级党委、政府同意或者授权；属于部门职权范围内的事项应当直接报送上级主管部门；下级机关的请示事项，如需以本机关名义向上级机关请示，应当提出倾向性意见后上报，不得原文转报上级机关；请示应当一文一事；不得在报告等非请示性公文中夹带请示事项；除上级机关负责人直接交办的事项外，不得以本机关名义向上级机关负责人报送公文，不得以本机关负责人名义向上级机关报送公文；受双重领导的机关向一个上级机关行文，必要时抄送另一个上级机关；党委、政府所属部门上报党委、政府审批或批转的文件以及为党委、政府代拟的文件，应严格执行会签会办制度。
（2）下行文规则：主送受理机关，根据需要抄送相关机关。
（3）联合行文规则：同级党政机关、党政机关与其他同级机关必要时可以联合行文。属于党委、政府各自职权范围内的工作，不得联合行文。
联合行文应当明确牵头、主办机关，行文时将牵头、主办机关排列在前。
（4）部门行文规则：党委、政府的相关部门依据职权可以相互行文。部门内设机构除办公厅（室）外不得对外正式行文。

四、技能训练

（一）基本训练
（1）简述党政机关公文的适用范围。

(2) 简述行文规则。

（二）案例分析

结合导引案例"喝××酒办糊涂事"，谈谈应如何正确使用公文？

（三）能力拓展训练

根据下列材料，拟写公文标题。

资料：

××省人民政府，体育总局：

《××省人民政府、国家体育总局关于报批××2007年第6届亚洲冬季运动会组织委员会机构设置方案的请示》（×政文〔2006〕14号）收悉。经国务院领导同志批准，现函复如下：

一、同意成立××2007年第6届亚洲冬季运动会组织委员会（以下简称组委会）。组委会主席由体育总局局长刘×担任，组委会执行主席由××省人民政府省长王×担任。

二、组委会内设机构由组委会根据工作需要自行确定。

国务院办公厅
2006年2月22日

五、任务成果展示

资料：

建第二敬老院

我乡地处海拔3 000米以上的山区，是全省闻名的长寿之乡。现在乡政府所在地建有一所敬老院，为了方便更多的老年人入院安享晚年，根据许多老年人的迫切愿望，我乡打算在人口较集中的××村兴建××乡第二敬老院，并从2006年10月1日起接收老年人入院养老。此项目需要人民币120万元，还差40万元。

请将上述资料，按照公文的规范表述方法及公文主体格式，拟写一份正确的公文。

第二节 如何准确运用公文进行书面沟通

导引案例

拟写一份通知

根据上级指示精神，××县工商行政管理局和××县公安局联合决定对全县旅店业进行一次整顿，时间定于3月12日上午9:00，相关人员在县政府第一招待所报到，会期2天。

会议参加人员包括全县国营、集体、个人旅店业各一名负责人，并邀请各派出所、工商所负责人参加会议。与会议人员差旅费自理。责成××县工商行政管理局负责向有关部门制发公文。

党政机关公文是党政机关实施领导、履行职能、处理公务的具有特定效力和规范体式的文书，是传达贯彻党和国家的方针、政策，公布法规、规章，指导、布置和商洽工作，请示和答复问题，报告和交流情况等的重要工具。

一、任务描述

公文写作的关键是善于归纳总结，层次分明。

二、任务分析

（一）任务目标

理解公文写作能力培养的六个方面、办公室工作人员提升写作的途径、处理好三种关系，掌握公文写作的"五部曲"、确定搜集公文素材的范围、加工修改定稿的方法、公文总体构思方法、公文写作步骤与方法、公文的基本结构。

（二）任务分析思路

拟写公文较之处理公文属于更高层次的能力。公文写作不需要小说家那样丰富的想象力，也不需要诗人那样华丽的辞藻，公文要的是朴实、简洁和实用，但想写好公文并非易事。公文对文字的要求可以说达到了"天然去雕饰"的至高境界。而公文种类繁多，每种公文的格式又各不相同，这都为写好公文增加了难度。但作为办公室工作人员，又必须攻克这一难关。

三、相关知识

（一）公文写作特有的规范

目的：为行政管理服务，排斥个性化写作。
内容：真实地反映事实，排斥文学手法。
格式：具有规范体式，符合公文格式标准。
表达：采用应用文体，恰当运用公文术语。
时限：在领导规定的时间内完成任务。

（二）公文写作能力的培养

公文写作能力是办公室工作人员核心能力的重要构成部分。公文写作能力由两个部分构成：一是写文（拟写）能力，二是走文（处理）能力。

公文写作苦在准确规范，难在领导满意，贵在不断创新。要想达到理想的效果，必须学习、领会公文的写作规律，把握常用的公文写作规范，加强文种写作训练。关注重大事项、重要法规等，养成注意时事、政策的习惯，没有这些，写出的公文是缺乏支撑点的。拟写公文应从六个方面入手，一是全面把握写作的特点，了解文体基本知识，包括用途、种类、格式等；二是掌握写作的一般规则，包括特点、步骤、要求等；熟悉写作基本方法，包括结构模式、基本要领、特殊要求、正确划分段落层次、准确划分段里层次、拟写公文开头和结尾、巧排公文句序；三是灵活运用文章写作四大要素，包括主题、材料、结构、语言；四是严格掌握公文格式、准确运用公文术语、全面理解行文规则；五是要熟悉本单位、本部门的业务，正确表达领导意图；六是力求掌握公文写作的基本技法，要懂得一些语法、逻辑、修辞知识。

（三）公文写作的"五部曲"

公文说什么→领悟核心思想→内容是在什么背景下产生的→内容是怎么表达的→是否符合国家公文格式标准。

第一步，公文说什么，领悟领导意图：要求准确、全面地提炼领导意图，增加"贴近度"。

第二步，领悟核心思想，站在领导角度考虑问题。

第三步，内容是在什么背景下产生的，关键把握常用思维方法：模式化思维方法，对象化思维方法，辩证思维方法，散点思维方法，求同存异思维方法。

第四步，内容是怎么表达的，关键是牢记拟写公文的要素及要求：格式，公文的包装；主题，公文的灵魂；材料，公文的血肉；结构，公文的骨骼；语言，公文的细胞。目的明确，行文有据；主旨单一，内容合法；文字表达准确、鲜明、简练、得体。

第五步，符合国家公文格式标准——《党政机关公文格式》（GB/T 9704—2012）。

总之，找好角色定位与行文角度；清晰拟写公文是受领导之命，代机关立言。代拟公文：要认准领导的身份和职位特征；对外发文，要考虑收发文机关的地位特征，区别文稿应用范围，内外、上下有别。

（四）搜集公文素材的范围

养成搜集公文素材的好习惯。搜集公文素材的范围包括：国际、国内、本地区经济、社会发展的基本情况；领导重要讲话；有关会议的重要决定、决议等；图书、报刊上的重要理论文章及其有关资料。

（五）公文总体的构思方法

符合行文的逻辑（严谨性）要求。

（1）题文相符，首尾呼应，前后贯通。

（2）横向（并列）结构：没有严格的顺序要求，重要内容前排。

（3）纵向（递进）结构：从务虚到务实或从务实到务虚。

①提出问题→分析问题→解决问题。

②为什么→干什么？→怎样干？

（4）纵横结合结构（总结、领导讲话稿）。

（5）因果结构（查清问题的调查报告）。

（6）总分结构（外在的表达形式）。

（六）掌握公文的写作步骤与方法
（1）准备工作阶段：思想准备，材料准备，方案准备。
（2）正式起草阶段（操作要领）：拟写规范标题，设计好开头和结尾，安排主体结构，确定表达方式。
注意事项：接受任务后抓紧办理，根据提纲有条理地进行写作；联合发文做好协商工作，处理好材料和观点的关系；遵循公文格式规范，符合文字表达规范。

（七）加工修改定稿
加工修改可以保障文稿更加准确、鲜明、简练。其范围包括：审读内容，包括主题、观点、材料、数据等；推敲文字，思考字、词、句、段是否存在讹、夺、衍、倒等问题。
公文加工修改的常用方法包括：拟稿人读改法，请人代改法，集体讨论法，冷处理法。

（八）办公室工作人员提升写作的途径
（1）掌握公文写作方法，梳理知识要点（概念、规则、方法等）。
（2）认识各文种的不同用途。
（3）熟悉各种公文的结构模式。
（4）通过模仿训练，掌握写作方法。
（5）善于研读例文（重点研读例文的主题、导语构成、主要内容、行文结构、表达方式、结尾等部分）。
（6）准备充足的例文库，是提高公文写作水平的基础。
（7）常读《中华人民共和国国务院公报》，注意例文的规范；多看高层次、高水平的例文，对自身非常有帮助。
（8）经常与有经验的办公室工作人员交流，汲取经验。

（九）处理好三种关系
（1）作文和做人的关系：注重做人，成就作文；文如其人，人如其文。
（2）文有定法和文无定法的关系：文有定法指撰写公文要符合公文法规与约定俗成的规则；文无定法指撰写公文要具体问题具体分析，在实践中学习运用和掌握规则。
（3）文中无我和文中有我的关系：文中无我指公文代表的是领导和企业的决策和意图，不能处处体现"我"的看法；文中有我指公文必定反映个人修养，有时要体现"我"的看法。

（十）公文的基本结构
1. 标题
三要素要完整：发文机关＋事由＋文种。
2. 主送机关
上行文尤其是"请示"，一般不得多头主送；普发性下行文主送对象可使用泛称，一般不宜使用"各有关单位"之类的模糊称呼；除领导有专门交代外，所有上报文件都应主送机关而不宜主送领导个人；公开发布的周知性公文可不写主送对象。

3. 正文

结构层次序数，用"一、""（一）""1.""（1）"；人名、地名、数字、引文要准确；引用公文应当先引标题，后加括号引发文字号；引用外文应当注明中文含义；日期应当写明具体的年、月、日；文内使用非规范化简称，应当先用全称并注明简称；数字，除部分结构层次序数和在词、词组、惯用语、缩略语、具有修辞色彩的语句中作为词素的数字必须使用汉字外，其他的宜使用阿拉伯数字；应当使用国家法定计量单位。

4. 附件

公文若有附件，在正文后空一行提行标写"附件"，冒号后再分别标明附件标题、份数，后面不加标点符号。有几个附件时，还应用阿拉伯数码标出序号，每件一行。

5. 发文机关及印章

发文机关要用全称或者规范化简称。发文机关名称应在成文日期上一行并对准成文日期居中表明。纪要、电报文件、党政领导机关普发性的下行文可不加盖印章，而表明发文机关。除此之外，其他一切公文均应加盖印章。

6. 成文日期

除在公文正文中专门说明生效日期者外，公文的成文时间就是生效时间。成文时间的位置，除法规、规章及决议、决定、纪要等会议文件常以签注形式安排在标题之下外，其他都位于正文（或附件）之后右下方，发文机关下面右空4个字距排一行。公文成文日期用阿拉伯数字标示，如"2013年6月30日"。

7. 附注

附注用以标注秘密文件的发送、阅读、传达范围，或用于对不便在正文中直接出现的名词术语及需要说明的有关事项的解释、说明。附注位于公文末页左下方，排列在成文日期之下空1行，提行空两格加圆括号标示，如"（此件发至××级）"或"（此件传达到××级）"之类。每项说明（名词术语、事项等）为一个自然段，如有两项或两项以上说明的，每项说明前标明序号。

（十一）公文的版面格式

详见《党政机关公文格式》。

四、技能训练

（一）基本训练

（1）简述公文写作的"五部曲"。

（2）简述办公室工作人员提升写作能力的途径。

（二）案例分析

请根据导引案例，拟写一份通知。

（三）能力拓展训练

有人说，领导看问题的角度有六个：一是从理论和政策高度思考；二是从现实的角度思考；三是从全局的角度思考；四是从未来的角度思考；五是从实践的角度思考；六是从上下结合的角度思考。

请你谈一谈，应怎样站在领导角度拟写公文。

五、任务成果展示

请指出以下文稿中的不妥之处，并提出修改意见。（在文稿的不妥之处做标记，然后分别说明理由，并提出修改意见）

资料：

×××人民政府文件

（06）×××政发32号
关于申请兴建×××第二敬老院的报告

××县人民政府、××县张县长：

我乡地处海拔3 000米以上的山区，是全省闻名的长寿之乡。现在乡政府所在地建有一座敬老院，为了方便更多的老年人入院安享晚年，根据许多老年人的迫切愿望，我乡打算在人口较集中的××村兴建××乡第二敬老院，并从二〇〇六年十月一日起接收老年人入院养老。此项目需要人民币一百二十万元，还差四十万元。

以上事宜关系到老年人的切身利益，无论如何请批准。

××××人民政府（印章）
2006年3月20日

主题词：×× ×× ×× ××

抄送：××村委会

××乡人民政府办公室　　　　　　　　　　　　　　2006年3月20日发

第三节　如何拟写常用的事务文书

导引案例

此公文是请示还是报告？

××分公司新建一座办公楼，四层楼分配给理化中心做化学实验室使用，室主任在二次验收后，发现办公楼的电路规格是普通电路规格，不符合化学实验的规范要求，必须改造，否则将构成安全隐患。室主任责成本部门办公室的小赵，给主管部门就此问题拟写一份公文（即选择一个恰当的载体行文）。倘若你是小赵，应怎样完成这项工作？具体的拟写流程是什么？此公文是请示还是报告？

一、任务描述

办文能力是办公室核心能力的重要构成部分，办文业务主要由公文处理和公文拟写两大部分构成，拟写公文较之处理公文属于更高层次的能力。

二、任务分析

（一）任务目标

理解常用事务文书的概念，掌握其适用范围、格式、写作规范、特殊要求、技巧。

（二）任务分析思路

常用事务文书的特定格式及规范，必须牢记。

三、相关知识

常用的事务公文可以归纳为两类，一类是常用的行政公文，二类是约定俗成的日常文书。

行政公文又称通用公文，狭义上有人也将其称为公文，本节取此说法。

行政公文是在党政机关、人民团体、企事业单位履行职责、处理公务过程中形成的，按照规定程序办理并在法定的范围内使用的、具有特定效力和规范体式的文书。

约定俗成的日常文书是人们在日常的工作、学习和生活中，办理公务、处理私事时使用的一种实用性文体，其格式是约定俗成的，其语言是朴实、简明、准确的。日常文书的种类有：传真稿、备忘录、请柬、邀请信、贺电、感谢信、启事、简报、会议记录、计划、总结、述职报告、讲话稿等。

（一）怎样起草请示

1. 请示适用的范围

请示适用于向上级机关请求指示、批准事项。在向上级部门要钱、要物、要机构、要编制、要干部、要出国机会等问题时，一般使用请示。

2. 请示的特点

事前行文性（将来时），呈批性，请求批复性，单一性，一文一事性。

3. 请示的分类

（1）请求指示：解决"我们该怎样做"的问题。

（2）请求批准：解决"请求批准我们这样做"的问题。

（3）请求批转：解决"请求有关单位这样做"的问题。

4. 请示的写作格式

（1）标题：发文机关＋事由＋文种（写完整三要素）。例如：《×××关于进一步加强历史文化名城保护工作的请示》。

（2）主送机关：顶格写一个直接上级机关名称。

（3）开头部分：说明请示的理由、根据或目的，必要时交代请示事项的背景；有时需要说明请示事项已经具备的条件和可行性，以便上级尽快批复。在开头部分的段尾可以用"为此，特请示如下"引出主体内容。

（4）主体部分：提出请示事项及本单位的具体意见，有时还需要提出初步方案供上级机关定夺。若有可供选择的多个方案或建议，需提出倾向性的意见。提倡请示方积极地出谋献策，反对简单、消极地上交矛盾与问题。

（5）结尾部分：采用征询的语气和期请的语言，提出请上级指示、批准或批转的要求。例如："以上请示当否，请批示。""特此请示，请予审批。""以上请示如无不当，请批转有关单位执行。"

（6）落款：加盖发文机关印章，并注明准确的发文时间。

5. 起草请示的思维模式——沿着以下"五步棋"思路走

（1）因为什么请示——对于原因、目的的说明。

（2）请示什么问题——提出请示的主题内容。

（3）怎样解决问题——提出解决问题的建议或方案。

（4）请求上级回复——结尾用语的使用。

（5）有无附件需要说明——根据需要确定附件的使用与否。

6. 起草请示的注意事项

行文之前要与主管领导充分沟通；请示理由要充分，要求和建议要具体；严格执行一文一事制度；按照隶属关系逐级行文；请示与报告不能混用；请示必须事前行文，切忌先斩后奏；在请示获准之前，不得抄送下级机关。

（二）怎样起草通知

1. 通知的用途

适用于指示工作，安排活动；批转下级机关公文，转发上级、同级或不相隶属机关的公文；印发本机关和本机关与其他机关联合制定的条例、规定、计划、会议纪要等文件；传达事项；用于召集有关单位、人员参加会议；用于公布人事任免决定。

2. 通知的特点

内容单纯，行文灵活、简便；表述具体，可操作性强；时效性强，需要及时周知或执行。

3. 通知的分类

指示性通知，规定性通知，知照性通知，事务性通知，批转、转发、公布性通知，任免性通知。

4. 通知的写作格式

（1）标题：发文机关＋事由＋通知。有的标题还要写明紧急通知、重要通知或补充通知等。极简单事项的通知标题可只写"××通知"（如会议通知、停电通知）。

（2）主送机关：尽量避免使用"各有关单位"之类的模糊指称。

（3）正文内容：交代清楚发文原因、意图和目的，通知事项及具体要求。

正文文面结构：
①总分条文式：引言之后将通知事项分为几点，用顺序号分条拟写。
②归纳式：按性质将正文分为几大部分，如原因、要求、具体措施等，每一部分集中说明一方面的内容。
③篇段合一式：有些内容简单的通知，通篇就是一段话甚至一句话。

5.起草通知的注意事项
(1) 正文结构排序特点：批语（转发语、按语）+转发（印发）(+意义+执行要求)。
(2) 不同类型通知正文的处理方法：
①批转通知：主要用于批转下级机关的通知。以"批（语）转（语）"形式通知下级机关，重点在于"批"。
②转发通知：主要用于转发上级机关和不相隶属机关公文的通知。以"转发语"形式通知下级机关，重点在于"转"。注意转发通知的发文机关无权"批转"不相隶属机关的公文。
③印发通知：主要用于传达要求下级机关办理和需要有关单位周知或执行的事项，是向特定受文对象告知或转达有关事项或文件，让对象知道或执行的事项。也可以是印发机关或本机关与其他机关联合制定的通知。

（三）怎样起草纪要

1.纪要的含义及适用范围
(1) 纪要的含义：纪要是适用于记载会议主要情况和议定事项的公文文体。
(2) 纪要的适用范围：纪要用于记载和传达会议的基本情况、主要精神和决定事项，作为会后传达贯彻执行的依据。

2.纪要的种类
办公会议纪要、工作会议纪要、协调会议纪要、研讨会议纪要。

3.纪要的写作格式要素
(1) 文头部分：纪要名称、编制单位名称、编制日期。
(2) 主体部分：标题、正文。
(3) 文尾部分：会议呼吁、会议希望、会议号召。

4.纪要的格式构成
纪要的格式构成如表 5-1 所示。

表 5-1　纪要的格式构成

标题：会议名称+"纪要"				
成文时间：年+月+日				
会议概况：主要包括会议时间、地点、名称、主持人、与会人员、基本议程				
正文	概述式	条款式	归纳分类式	发言式

续表

会议事项（会议精神和议定事项）	会议听取了 会议讨论了 会议认为 会议指出 会议通过 会议决定	一、×××讨论了 二、×××会议认为 三、×××会议决定	会议精神总结为如下几点： 一、 二、 三、	会议听取了 会议讨论了 ××同志指出 ××同志强调 ××同志强调指出 会议同意
结尾	会议呼吁 会议希望 会议号召	同概述式	同概述式	同概述式

5. 纪要文主体部分的表述方式

（1）概述式：将会议主要的内容和基本精神分别概括叙述（适合常务办公会议）。

（2）条款式：将会议决定的事项用条款方式简要说明，以便会后检查落实，明确责任（适合现场办公会和协调会）。

（3）归纳分类式：根据会议讨论发言中的相关内容进行归纳集中，分别列出标题（适合专题会议和研讨会议）。

（4）发言记录式：根据会议发言记录整理而成，较多地保留了发言的原貌，不便对外传达，主要供保留备查（适合日常办公会、例会）。

6. 起草纪要的注意事项

纪要应当忠实于会议内容；抓住要点，体现"要"字；重点突出，写清与会人员的一致意见和重要的不同意见；注意逻辑性和条理性。

（四）怎样起草计划

计划是个统称，像规划、纲要、设想、打算、要点、方案、意见、安排等都是根据计划目标远近、时间长短、内容详略等差异而确定的名称。

1. 计划的种类

文件式计划、条文式计划、表格式计划。

2. 计划的写作格式

（1）标题：制订计划的单位名称＋适用时间＋内容性质＋文种。必要时加括号注明：草案、初稿、征求意见稿、送审稿等。例如：《××市19××年再就业工程实施方案（讨论稿）》

（2）前言（回答"为什么做"）：计划通常有一个"前言"段落，主要点明制订计划的指导思想和对基本情况的说明分析。前言文字力求简明，以讲清制订本计划的必要性、执行计划的可行性为要，应力戒套话、空话。

（3）主体（回答"做什么""怎么做""何时做"）：

①目标与任务。首先要明确指出总目标和基本任务，随后应根据实际内容进一步详细、

具体地写出任务的数量、质量指标。必要时再将各项指标定质、定量分解，以求让总目标、总任务具体化、明确化。

②办法与措施。以什么方法、用什么措施确保完成任务实现目标，这是有关计划可操作性的关键一环。所谓"有办法、有措施"，就是对完成计划需要动员哪些力量，创造哪些条件，排除哪些困难，采取哪些手段，通过哪些途径等心中有数。这既需要熟悉实际工作，又需要有预见性，而关键在于有实事求是的精神。唯有这般，制定的措施、办法才是具体的、切实可行的。

③时限与步骤。工作有先后、主次、缓急之分，进程又有一定的阶段性，为此在计划中针对具体情况应事先规划好操作的步骤、各项工作的完成时限及责任人。这样才能确保职责明确、操作有序，执行无误。

（4）落款：注明制订计划的日期（如标题没有写作者名称，这里应一并注明）。此外，如果计划有表格或其他附件的，或需要抄报抄送某些单位的，应分别写明。

（五）怎样起草总结

1. 总结的类型

按内容分，有学习总结、工作总结等；按范围分，有单位总结、个人总结等；按时间分，有年度总结、季度总结等；按性质和作用分，有综合性总结、专题性总结等。本节主要介绍综合性总结与专题性总结两种类型。

（1）综合性总结：

综合性总结也叫全面工作总结，是一个单位或一个部门对某一时期各方面工作进行的全面性总结，如阶段工作总结、年终工作总结等。

（2）专题性总结：

专题性总结也叫单项工作总结，是一个单位或一个部门对某项工作所作的专门性的工作总结，如经济工作总结、思想教育工作总结等。

2. 总结的写作结构

（1）标题：单位名称+时间+事由+文种。有的比较灵活的标题为正副式标题，例如：《开源节流，减员增效——销售部门第四季度工作总结》；有的为单行标题，例如：《推动人才交流，培植人才资源》。

（2）正文：

开头部分——前言，概括介绍基本情况，交代背景，点明主旨或说明成绩。

主体部分——包括成绩和经验、存在的问题和教训，以及今后努力的方向等。对于一般的工作总结，重点应放在成绩和经验上。

除了上述写法，正文主体还可分为以下两种形式：

①过程式，即把整个工作按时间顺序，划分为几个阶段，然后再就每一阶段的工作情况、经验、教训进行总结。

②经验式，即把工作中的主要经验按问题的性质归纳出来，一条一条地分开来写，各条

之间有严密的逻辑关系,通过研究、分析,从中揭示出有规律性的东西。专题性总结通常采用这种形式。

(3) 结尾:可以总括全文,重申主旨;也可以提出改进设想或展望未来。

(4) 落款:写明起草总结的单位名称(标题中已标明单位名称的,这里可以不写),以及成文日期。

3. 起草总结的注意事项:坚持正确的指导思想,坚持实事求是,总结出有规律性的东西,分清主次,突出重点。

(六)怎样起草会议记录

1. 会议记录的含义及适用范围

会议记录是会议文书之一。会议记录是一种实用文种,是由负责记录的人员针对会议进行情况及会上发言和决定事项所作的记载。它是会议情况的真实反映。

会议记录可记录在统一制发的会议记录本或记录纸上。使用灌注有蓝墨水的钢笔或经国家档案局鉴定可用于档案书写的圆珠笔。

会议记录是如实记录会议的基本情况,会议中的报告、讲话、发言、决定、决议、议程,以及各方面的意见等内容的一种重要的应用文。

在机关、企业、事业单位等,各种会议都离不开会议记录。可见会议记录有着不可替代的作用。

2. 会议记录的特点

(1) 原始性:是指按会议发展顺序,将发言人的讲话内容、研究认定的问题,如实记录下来,一般不许加工、整理内容。

(2) 凭据性:是指会议记录为会议原始情况的真实记录,是查对会议内容的真实凭据。

(3) 会议记录的重点内容包括:会议中心议题以及围绕中心议题展开的有关活动;会议讨论、争论的焦点及其各方的主要见解;权威人士或代表人物的言论;会议开始时的定调性言论和结束前的总结性言论;会议已议决的或议而未决的事项;对会议产生较大影响的其他言论或活动。

3. 会议记录的写作结构

(1) 标题:即会议的名称。一般的写法是单位名称+会议事由(含届、次)+文种。例如:《××大学校长办公会记录》。

(2) 开头部分:介绍会议的基本情况,包括会议类型、时间、日期、地点。这部分要写清开会时间和会议地点;出席人、缺席人和列席人,即不属于本次会议的正式成员,但是与会议有关的各方面人员;会议主持人,写明主持人的姓名、职务;记录人,写明记录者的姓名,必要时注明其职务,以示对所作记录的内容负责。上述内容,要在会议召开之前写好,不可遗漏;倘若会议记录要在报纸上公开发表,则可删去。

(3) 主体部分:主要写会议议程、议题、讨论过程、发言内容、会议决议等。这一部分是了解会议意图的主要依据,是会议成果的综合反映,是日后备查的重要部分,因此要着重记录。

(4) 结尾部分：会议记录没有固定的格式。一般要另起一行，空两格写"散会"字样。在会议记录的右下方，由会议主持人和记录人签名，以示负责。

4. 起草会议记录的基本要求

准确、真实、清楚、完整。

5. 起草会议记录的注意事项

(1) 做好准备工作。事先要了解会议的议程，以便于在记录过程中注意各有关方面的关系，将一些事宜有机地联系起来，加快记录的速度；做到记准、记全。会议记录是会议的原始凭证，所以贵在内容准确、齐全。采用速记和录音结合的办法，也是保证记录准确、齐全的有效方法。

(2) 选择记录方法。会议记录既可采用符号速记，也可采用文字记录。重要会议、重要领导人的讲话可速记。一般会议，可使用文字摘要记录的方法。要把发言人的名字写在发言记录的前面。一定要先发言的记录于前，后发言的记录于后。记录发言时要把握发言内容的质量，重点要详细，重复的可略记，但如果是决议、建议、问题或发言人的新观点等要详细。

(3) 记录要真实、准确。要如实地记录别人的发言，不论是详细记录，还是概要记录，都必须忠于原意，不得添加记录者自己的观点、主张，不得断章取义，尤其是会议决定之类的内容，记录时更不能有丝毫出入。真实、准确记录的要求具体包括：不添加，不遗漏，依实而记；清楚，首先是书写要清楚，其次是记录要有条理，突出重点。

(4) 要点不漏。记录的详细与简略，要根据具体情况而定。一般来说，决议、建议、问题和发言人的观点、论据材料等要记录得具体、详细。一般情况的说明，可抓住要点，略记大概意思。

(5) 会议记录与会议纪要的区别：性质不同、功能不同、载体样式不同、称谓用语不同、适用对象不同、分类方法不同。

四、技能训练

（一）基本训练

(1) 简述撰写请示的注意事项。

(2) 简述通知的用途。

（二）案例分析

结合导引案例"此公文是请示还是报告"，思考：

(1) 假设化学实验室有权确定施工单位，公文应如何写？

(2) 假设化学实验室无权确定施工单位，公文应如何写？

（三）能力拓展训练

修改以下公文：

停水通知

因供水管道施工，5月15日13：00至16：00××公司办公楼、×××生活小区、×××公司第二招待所停水。

请这一带的用户做好储水准备。不便之处，敬请谅解。

××市水务服务公司
××××年××月××日

建议：依据通知的规范进行改写。

五、任务成果展示

修改以下公文：

关于邀请×校长、×书记参加"10356211"工程奠基仪式并致辞的请示报告

校长办公室、党委办公室并呈×校长、×书记：

根据"校长办公会议决"，我院成立了专门的"10356211"工程指挥小组，在校领导的指导和指挥小组的努力下，前期准备工作已经就绪。现定于十月二十一日举行工程奠基仪式，届时想请×校长、×书记参加仪式并致辞，请校长办公室提供方便。热切盼望×校长、×书记的到来！

此致

敬礼！

附件一：讲话稿。（略）
附件二：议程。（略）

资环学院（章）
2008年10月11日

第四节 如何拟写典型商务文书

导引案例

合资兴建麦秆草席加工厂意向书

中国××省××公司××市××厂与日本东京××服务中心，本着"友好、平等、互利"的原则精神，中日双方于19××年×月×日至×月×日，19××年×月×日，先后两次在中国××就合资兴建麦秆草席加工厂有关事宜进行了友好协商。在此基础上，中国××省××公司派人员于19××年×月×日至×月×日，赴日本国东京对此事

进行了进一步磋商。日方应我国对外友好协会的邀请，于19××年×月×日至×月×日，一行四人在我国对外友好合作服务中心有关负责同志的陪同下，对中国××省××市××厂进行了实地考察和商定。中日双方同意利用中国××省××市××厂的现有厂房等设施合资兴建一座麦秆草席加工厂，现达成如下意向：

（一）整体规划、分期投资

（1）中方以××省××市××厂现有厂区土地（空坪）40亩，车间6栋，办公楼1栋，配电房1栋和其他生产和生活等设施，作为合资股份总额，分为两次投资入股。

（2）第一期以现有车间3栋，办公楼1栋，厂区土地（空坪）20亩，配电房1栋等其他辅助设施，投入合资兴建麦秆草席加工厂。

（3）第二期项目的投入，根据需要与可能相结合的原则，在第一期合资兴建麦秆草席加工厂获得中方正式批准之日起，10个月内，中日双方签署第二期合资项目的意向书时予以确定。

（二）合营期限与货币计算方式

1. 合营期限

（1）时间从19××年×月至20××年×月止，计10年整，一方如需继续履行此合同，经双方协商同意后，可重新申请延期，并申报有关部门办理延期手续。

（2）合同期满后，其固定资产的残值归中方所有。

2. 货币计算方式

双方不管采取何种投资方式，一律以美元为计算单位进行核算。

（三）工厂规模

工厂占地面积为28.6亩，年生产能力为21.6万床草席，职工人数为100人。

（四）投资金额及比例

合资工厂总投资额为×××万美元。日本方投资×××万美元，占总投资额的52.1%，其中包括提供全套生产草席的机器3套，辅助设备1套，生产和工作用车1辆，部分办公设备，现有工厂改造、配套及生产周转资金。中方投资×××万美元，占总投资额的47.9%（其中××省××公司为17%，××省××市××厂为30.9%），以车间3栋（面积为4 425平方米），办公楼1栋（1 434平方米），配电房1栋（120平方米），高压供电输电专线，配电设备，柴油发电机组，饮用电机井等作为投资入股。

（五）双方责任分担

中方：

（1）在三个月内办理有关中外合资企业的申报、审批手续和工商登记注册等手续。

（2）做好厂区的整体规划，附属设施的配套完善及财产保险等工作。

日方：

（1）派遣技术人员3名，为中方培训技术工人，指导生产及设备安装。

（2）包销10年内所生产的全部产品（共计×××万床麦秆草席），提供生产周转资金及工厂改造配套的所需资金。

（六）利润分配及亏损分担

（1）中日双方按认可的投资比例分配利润及承担亏损责任，即中方获得全部利润的47.9%（其中××省××公司为17%，××省××市××厂为30.9%），日方获得全部利润的52.1%。

（2）各方按利润分配比例承担亏损。

（七）说明

（1）合资兴建工厂的未尽事宜，在正式签订协议时予以补充。

（2）此意向书用中、日文两种文字书写。

（3）此意向书共制九份，三方各持三份。

（4）此意向书从即日起生效。

甲方：中国××省××公司　　　代表×××（章）
乙方：日本东京××服务中心　　代表×××（章）
19××年×月×日

一、任务描述

学习意向书、市场调查报告、经济合同三种典型商务文书的概念、作用、特点、结构和写法。知道商务文书还包括协议、洽谈纪要、招标书、投标书等。

二、任务分析

（一）任务目标

掌握意向书、市场调查报告、经济合同的概念、写作方法。

（二）任务分析思路

紧扣典型例文或结构模板学习相关知识。

三、相关知识

（一）意向书

1. 意向书的含义及适用范围

意向书简单而言是传递意向的文书。意向书多用于经济技术的合作领域，在策划合作企业或合作项目的过程中，首先要寻觅恰当的合作伙伴，其次进行意向性洽谈，经过洽谈将项目合作看法基本一致的内容形成文字记录，就是意向书。意向书为进一步签订正式协议奠定了基础。

2. 意向书的特点

宽泛性，无约束性，政策性，严谨性，灵活性，协调性。

3.意向书的内容要素

意向书的内容因项目的不同而各异。意向书通常包括以下几个要素：签订日期及特点；当事双方单位全称、法人代表姓名、职务、地址、日期，必要时要写清注册国籍；洽谈人姓名、职务、洽谈目的和过程，出境项目的名称、生产或规模设想、产品销售意图，经济效益预估；双方各自要进行的工作，包括资源调研、市场考察、技术设计等，以及下一次洽谈的内容、时间和地点。

4.意向书的结构模式

意向书的结构模式并没有严格的规定，它可以是签字式的谈判纪要，也可以是叙述式的谈判签字备忘录。较为正式的意向书常采用条款协议式立项意向书的结构模式。

意向书的一般结构是：标题＋正文＋落款＋日期。

（1）标题：意向书的标题主要有4种类型。

①事由＋文种，如《兴建××娱乐城意向书》。

②项目名称＋文种，如《合资建立水泥厂意向书》。

③合作单位＋项目名称＋文种，如《上海市××公司、新加坡××公司合作经营塑料品意向书》。

④单纯使用文种名称，即《意向书》。

意向书的名称经常使用的是第二和第三种类型。

（2）正文：意向书的正文内容没有固定的写法。有的比较详细，有的比较简略，有的甚至只写各方对某一事项合作的意愿，不写如何合作的具体问题。

正文的结构一般是：前言＋主体＋结尾。

①前言（导语）：写明合作各方单位的全称，双方接触的简要情况，如商谈时间、地点、原则精神、磋商后达成的意向性意见等，然后用"本着××原则，现达成如下意向""双方达成意向如下"或"现将有关意向归纳如下"等过渡句领启下文。

②主体：主体部分根据不同的合作事项所达成的意向性意见，分条款写明达成的意向型意见，可参照合同或协议的条款排列。通常主体部分大致涉及以下几个方面的内容：

- 合作企业或项目的名称和拟定地址。
- 合作企业或项目的规模和经营范围。
- 各方投资金额及分成比例。
- 利润分配和亏损分担。
- 原料、设备、技术，企业用地等由何方提供。
- 合作事项实施步骤。
- 合作企业领导体制。
- 合作期限。

最后写明"未尽事宜，在签订正式合同或协议书时再予补充"一语，以便留有余地。

③结尾：一般书写有关事项的说明，如意向书的份数、生效日期等。

④落款：

甲方：写明签订单位的名称

代表：(代表人签字)

乙方：写明签订单位的名称

代表：(代表人签字)

加盖公章、私章

××××年×月×日

意向书的日期是指签订意向书的时间。

5. 起草意向书的注意事项

起草意向书要求：语言准确，表达清楚；忠实于洽谈内容。

(二)市场调查报告

1. 市场调查报告的含义及适用范围

市场调查是运用科学的方法，有目的、有计划地对市场的顾客、购买力、购买对象和购买习惯等方面的各种情报资料，进行全面和局部的搜集、整理、分析和研究，做出恰当的结论，提供采取行动的合理建议，为经济领导部门和企业的决策者制定政策、进行预测、做出经营决策、制订计划提供重要依据，以促进市场营销活动的良性发展。

市场调查报告是对市场调查所获得的信息、资料进行整理、得出结论、提出合理建议的书面报告。

2. 市场调查报告的特点

针对性，真实性，典型性，时效性。

3. 市场调查报告的分类

(1) 按调查范围、调查方式分，有综合性市场调查报告和专题性市场调查报告。

(2) 按目的、作用、内容分，有情况调查报告、事件调查报告、经验调查报告和问题调查报告。

4. 市场调查报告的产生流程

命题 →选择恰当的市场调查方式→ 搜集资料→ 整理、分析资料→拟写市场调查报告。

5. 市场调查报告的结构模式

标题＋目录＋前言＋正文＋尾部（结论与建议、附件）。

(1) 结构模板：

①标题：标题和报告日期、委托方、调查方，一般应打印在扉页上。一般要与标题在同一页，把被调查单位、调查内容明确而具体地表现出来，如《关于哈尔滨市家电市场的调查报告》。有的调查报告还采用正、副标题的形式，一般正标题表明调查的主题，副标题则具体表明调查的单位和问题，如《消费者眼中的〈海峡都市报〉——〈海峡都市报〉读者群研究报告》。

• 单标题，如《××白酒市场调查报告》。

- 正副题，即在正标题之外加副标题，如《群雄并起，逐鹿中原——郑州市空调市场调查》。

②目录：如果调查报告的内容、页数较多，为了方便读者阅读，应当使用目录或索引形式列出报告所分的主要章节和附录，并注明标题、有关章节号码及页码。一般来说，目录的篇幅不宜超过一页。

例如：

目录

1. 调查设计与组织实施
2. 调查对象构成情况简介
3. 调查的主要统计结果简介
4. 综合分析
5. 数据资料汇总表
6. 附录

③前言（概述）：主要阐述课题的基本情况，它是按照市场调查课题的顺序将问题展开，并对调查的原始资料进行选择、评价、做出结论、提出建议的原则等进行阐释。前言主要包括以下三方面内容：

第一，简要说明调查目的，即简要地说明调查的由来和委托调查的原因。

第二，简要介绍调查对象和调查内容，包括调查时间、地点、对象、范围、调查要点及所要解答的问题。

第三，简要介绍调查研究的方法。介绍调查研究的方法，有助于使人确信调查结果的可靠性，因此对所用方法要进行简短叙述，并说明选用这种方法的原因。例如，是用抽样调查法还是用典型调查法，是用实地调查法还是用文案调查法，这些一般是在调查过程中使用的方法。另外，对在分析中使用的方法，如指数平滑分析、回归分析、聚类分析等方法都应作简要说明。如果这部分内容很多，应有详细的工作技术报告加以说明补充，附在市场调查报告最后部分的附件中。

④正文：这部分主要是根据调查中所获得的资料的性质和内在联系，按照人们认识的规律和习惯安排层次。

- 情况部分。简要介绍历史情况和现实情况，并简要分析其特点或存在的问题，写作时常以数字、图表加以说明。
- 预测部分。通过对资料的分析研究，预测市场今后的发展变化趋势，展望市场前景，以此作为企业生产、经营的参考依据。为了使文章眉目清晰，也可以定若干个小标题。
- 建议或决策部分。这部分是在市场预测之后表明准备采取的行动计划、措施，也是市场调查的落脚点。建议或措施要写得有针对性，并注意可行性。

⑤尾部（结论与建议、附件）：结论与建议是撰写综合分析报告的主要目的。这部分是

全文的收束部分。凡是写有前言的调查，都应照应开头，起归纳、收束的作用。在这里或是重申观点，或是加深认识。但有的市场调查报告，正文完了就自然结束，没有单独的结尾。最后写上成文日期。

附件是指调查报告正文包含不了或没有提及，但与正文有关必须附加说明的部分。它是对正文报告的补充或更详尽的说明。附件包括数据汇总表及原始资料、背景材料和必要的工作技术报告，例如为调查选定样本的有关细节资料及调查期间所使用的文件副本等。

(2) 例文：

××白酒市场调查报告

一、前言（略）

二、市场总概

（1）××，辖××、××、××3个区，××、××、××3个市和××县，总面积6 638平方千米，467万人；城区973平方千米，108万人。近期政府投资90亿元进行大规模的城市改造，将老城区旧建筑和临街店面西迁到新区。

（2）××市人均收入每月大概在700～800元，但由于大规模的市政建设以及旅游经济的发展，市民增加了许多隐性收入。

（3）××市饮食市场大，饭店生意火爆，有四望亭路（大美食街）、兴城东路（小美食街）这样比较集中的消费地，主要以淮扬菜和川味火锅为主。

（4）超大卖场正在兴起。在××区新建了"广润发"和"时代"两大超市，消费者众多。

（5）××区是新兴的城市居住区，房价在每平方米2 000元左右。

（6）市区有出租车2 300辆，以普通桑塔纳为主。起步价6元。

三、白酒市场总概

（1）消费者。（略）

（2）消费形态。（略）

（3）消费偏好。（略）

（4）品牌认知。（略）

四、通路考察

（1）终端类型。（略）

（2）通路价差，畅销品牌在通路里所获得的毛利。（略）

（3）进店费用以及返利结算。（略）

五、未来市场需求分析（略）

六、建议（略）

（调查时间2002年8月6日）

6. 起草市场调查报告的注意事项

深入调查,充分占有材料,实事求是,语言要准确、简练、朴实,不需要华丽的辞藻、精巧的修辞,要清楚明白地表达内容。

(三)经济合同

合同是当事人或当事双方之间设立、变更、终止民事关系的协议。《中华人民共和国合同法》(简称《合同法》)是"为了保护经济合同当事人的合法权益,维护社会经济秩序,提高经济效益,保证国家计划的执行,促进社会主义现代化建设的发展"而制定的法律。依法签订的合同,受法律保护。

1. 经济合同的含义和适用范围

经济合同是指《合同法》上规定的以交易关系为内容的合同。

经济合同作为生产协作的纽带,通过经济利益、法律手段,把供、产、销关系紧密地衔接起来,使他们互相依赖、互相促进。

2. 经济合同的特点

具有法律效力;平等、公平、协商一致。

3. 经济合同与协议书的区别

经济合同、协议书都是由双方的当事人共同订立的一种契约。经济合同的内容一般限于经济活动方面;协议书的内容可以是经济活动方面的,也可以是其他活动方面的,其适用范围较为广泛。经济合同一经签订就产生法律效力,双方必须严格遵守,认真履行。任何一方违背了经济合同都将承担相应的经济责任和法律责任。协议书往往要经过行政主管部门签证或公证机关公证才能产生法律效力。

4. 经济合同的结构模式

(1)经济合同的首部:

①标题:在经济合同开头的第一行居中写,字体稍大。标题不同于公文和其他专用文件,一般只写明合同的性质。

经济合同的标题主要有两种类型:

- 合同性质+文种,如《借款合同》《供销合同》等。
- 合同标的+合同性质+文种,如《粮棉油定购合同》《汽车租赁合同》等。

为便于查考,可在标题右下方注明编号、订立时间、地点。

②约首:包括订立经济合同的各方当事人的单位全称或个人真实姓名。为了使正文行文简便,当事人名称或姓名简称为"甲方""乙方",或"供方""需方",或"发包方""承包方",或"出租方""承租方"等。

开头空两格写"订立双方(或各方)",然后分上下行排列写各方单位的名称,其后分别写"以下简称甲方""以下简称乙方"。例如:

订立合同双方:

供货单位:××××厂,以下简称甲方。

购货单位：××××公司，以下简称乙方。

若有第三方的可称为"丙方"。

（2）经济合同的主体（正文）：

经济合同的主体是合同的核心部分。若是条款合同，要分行逐条写明；若是表格式合同，就逐格填写；若是条款表格式合同，条款部分逐行写明，表格部分逐格填写。经济合同的主体包括：

①标的。

②数量和质量。

③价款和酬金。

④履约的期限。

⑤履约的地点和方式。

⑥违约责任。

⑦解决争议的方法。

（3）经济合同的尾部：

①合同的有效期限。

②合同署名：写明签订合同双方的单位全称，法人代表人的姓名、签名盖章、电话、传真、开户银行及账号、邮政编码。

③签订日期：是指在合同署名之下填写签订合同的年、月、日。

④附件说明。

经济合同正文的每个部分和每项内容，在条款中都要另起一段，在表格中都要另占一格，复杂的经济合同（例如"进出口合同书"）还要划分章目，并在前面列出目录。

四、技能训练

（一）基本训练

（1）简述意向书、市场调查报告、经济合同的概念。

（2）简述意向书、市场调查报告、经济合同的结构及其写法。

（二）案例分析

结合导引案例"合资兴建麦秆草席加工厂意向书"，谈谈意向书与协议书的联系与区别。

（三）能力拓展训练

（1）××机械制造公司于2007年4月29日决定，2007年10月派一小组到英、法、德等国考察纺织机械加工设备，想请××外贸公司精通英语、熟悉谈判的若干人员一同出国，于是征询对方意见，并希望对方在2007年6月底前答复。

请你根据这一材料帮助××机械制造公司拟写一封发文字号为（×字〔2007〕×号）的函。

（2）收到××机械制造公司关于选派出国考察人员的函之后，××外贸公司决定派资深外贸谈判代表李××等人参加；复函包括选派出国人员的批件，并要求××机械制造公司接函后商讨有关出国费用等问题。

请你结合（1）的背景，根据这些材料帮助××外贸公司拟写一封复函。

五、任务成果展示

拟写一份经济合同。

本章小结

拟写公文较之处理公文属于更高层次的能力。办公室工作人员要能够实际承担本职范围内的公文拟写任务。公文拟写苦在准确规范，要想达到理想的效果，必须学习、领会公文写作规律，把握常用的公文写作规范。办公室工作人员要掌握典型常用的行政公文、日常事务文书、典型商务文书的写作方法；要了解公文写作特有的规范、公文写作的"五部曲"、公文写作的总体构思方法。

第六章

文书管理实务

教学目的与要求

- 了解：发文处理和收文处理的概念，档案管理工作
- 理解：办公文档与档案的关系
- 掌握：发文处理的程序及技巧，电子文档管理

第一节 发文办理

导引案例

文秘人员应警钟长鸣

刘×，××机关文书处处长。在平时的交往中，刘×得到了一位女港商的垂青，在刘×看来这是一件再正常不过的事情，丝毫没有意识到艳遇后面所隐藏的一桩骗局。一天，这位女港商将刘×办公桌上放着本应让秘书及时归档的文件全部装进了随身携带的小包内。事发后，刘×自然受到了法律的严惩。在看守所里，刘×懊悔地对前去采访的记者说："谁会想到她会对那些'过时'的文件感兴趣呢？"

公文处理是一个动态的过程。公文处理工作是指公文拟制、办理、管理等一系列相互关联、衔接有序的工作。公文处理是党政机关、人民团体、企事业单位在管理中一项经常性的重要工作，也称文书处理、文件处理，也就是我们平时所说的文电工作。公文处理要坚持实事求是的原则，严格按程序和有关规定进行，做到准确及时、安全保密。公文处理工作是各地区、各部门办公厅（室）的一项基本业务（日常工作），是确保机关正常运转的一项很重要的工作。长期以来，各地区、各部门办公厅（室）对公文处理工作高度重视，制度完善、管理严格、运转高效。

一、任务描述

发文办理是指为向外发出本单位制发的各类公务文书而进行的一系列工作。其主要包括发文办理和发文分类办理两大内容。

二、任务分析

（一）任务目标

依据《党政机关公文处理工作条例》，了解有关发文办理程序的各个环节以及注意事项。

（二）任务分析思路

发文处理必须讲究效率。所谓效率，即在发文处理过程中投入的劳动量与获得的发文效果的比率。要不断提高发文办理的工作效率，就必须了解有关发文办理的各个环节的规范以及注意事项。

三、相关知识

（一）发文处理与发文办理的区别

处理针对的是事情，办理针对的是手续或程序。发文处理是各级机关、各部门重要的日常工作，也是一项严谨、细致的工作。正确实施发文处理，是各级机关、各部门发文处理实现规范化、科学化的根本要求。发文办理的程序具有很强的确定性与不可逆性。

（二）发文处理的程序

发文处理的程序主要包括：草拟稿，审核，签发，登记，复核，印制，分发，传递等环节。

（三）发文办理的程序及要求

发文办理是指机关内部为制发公文所进行的创制、处置与管理活动。

1. 复核

《党政机关公文处理工作条例》规定："已经发文机关负责人签批的公文，印发前应当对公文的审批手续、内容、文种、格式等进行复核；需作实质性修改的，应当报原签批人复审。"对不符合要求的公文应退交起草部门补充或修正。经复核需要对公文作实质性修改的，待修改、重审后，应交原签发人复审重新签发。待再次复核确认无误后方可付印。

2. 登记

对复核后的公文，需由专人编号登记，详细记载公文标题、发文字号、签发人、发文日期、印发范围和印制份数等。

3. 公文（发文）印制

（1）印刷：在印制过程中要对每道工序建立岗位责任制，设专人检查把关，并且要求实署姓名、时间，以示负责，确保时效。

（2）公文校对工作：校正、补充一切与定稿不符的文字、标点符号、图表、格式等；解决统行、倒版等排版方面的问题和正文、注码与注文之间衔接以及页码编排问题；进一步审核定稿中的疏漏，发现问题及时提交有关领导人或撰稿人处理；需要使用标准校对符号；对于重要的或者大量印制的公文，应实施三校、四校，以确保公文的正本不出差错。

（3）用印：印章要专人管理、妥善保管，印章要按机关、单位规定使用；在文件上盖印要清晰、端正，不要误盖、漏盖。

4. 核发

其工作内容包括分发，通校（全文校对）检查，公文的传递。

（四）发文分类办理

1. 代拟公文发文的办理

（1）代拟：对重要工作的安排部署常常需要以上级党委、政府及其办公厅（室）或其他上级机关（单位）的名义发文，这就需要有关机关（单位）以上级机关（单位）的名义起草文件送审稿，即代拟稿。

（2）送审：对代拟的公文，按照本机关（单位）文件起草办理程序送本机关（单位）领导直至主要领导审核，并按领导要求修改。

（3）上报：本机关（单位）领导人对代拟稿审定后，随文附上文件涉及的起草简要说明和其他相关背景材料，按照规定程序和要求上报。

2. 上行、平行、下行文发文的办理

（1）上行文发文的办理：采用规范的格式；主送机关必须为上级机关，而不是上级领导个人。

（2）平行文发文的办理：采用规范的格式；发送时要注意研究确定渠道，本地的可送到单位或通过网上交换、交换站交换等方式发送，外地的要核实清楚准确的名称和详细地址、邮编等，有条件的通过机要交通渠道发送；函件发送后要安排专人跟踪了解情况，及时报告领导。

（3）下行文发文的办理：采用规范的格式，特别要注意党的机关下发文件的版头和行政机关下发文件的版头的区分，不可乱用；发送时要注意发送范围。

（五）密级公文的发送传递

1. 编号封装

传递密级公文，应当包装密封，在信封或者袋牌上标明密级、编号和收发件单位名称。使用信封封装绝密级公文时，应当使用由防透视材料制作的、周边缝有韧线的信封，信封的封口及中缝处应当加盖密封章或加贴密封条；使用袋子封装时，袋子的接缝处应当使用双线缝纫，袋口应当进行双道密封。

2. 传递

（1）传递密级公文，应当选择安全的交通工具和交通路线，并采取相应的安全保密措施；应当通过机要交通、机要通信或者指派专人传递，不得通过普通邮政或非邮政渠道传递；设有机要文件交换站的城市，在市内传递机密级、秘密级秘密载体时，可以通过机要文件交换站进行。

（2）向我驻外机构传递密级公文，应当按照有关规定履行审批手续，通过外交信使传递。

（3）采用传真、计算机网络等手段传输密级公文，必须有加密措施。密码电报不得明传，答复密码电报必须用密电。不得明电、密电混用。

3. 绝密级秘密载体传递的有关规定

（1）送往外地的绝密级秘密载体，通过机要交通、机要通信递送。中央部级以上，省（自治区、直辖市）、计划单列市厅级以上和解放军驻直辖市、省会（首府）、计划单列市的军级以上单位及经批准地区的要害部门相互来往的绝密级秘密载体，由机要交通传递。不属于以上范围的绝密级秘密载体由机要通信传递。

（2）在本地传递绝密级秘密载体，由发件或收件单位派专人专车直接传递。

（3）传递绝密级秘密载体，实行二人护送制。

4. 密级公文的日常管理

（1）专人管理：各机关（单位）要严格按照有关保密规定，配备专门的机要秘书人员负责文件的管理，特别要加强对密级文件的管理。

（2）保管设施安全：设立党委（党组）的县级以上单位应建立机要保密室和机要阅文室，并按照有关保密规定配备工作人员和必要的安全保密设施。

（3）密级确定：公文确定密级前，应当按照拟定的密级先行采取保密措施。确定密级后，应当按照所定密级严格管理。绝密级公文应当由专人管理。公文的密级是否需要变更或者解除，由原确定密级的机关或者其上级机关决定。密级公文公开发布前应当履行解密程序。

（4）及时入柜：密级公文处理完毕应及时放入密码文件柜或铁皮柜，不得随时散放在办公桌上或文件夹里，不能带离办公室或带回家。

（5）复制汇编：确需复制、汇编机密、秘密级公文的，应当符合有关规定从严控制并严格履行报批手续，经本机关负责人批准。绝密级公文一般不得复制、汇编。确有工作需要的，应当经发文机关或者其上级机关批准。复制、汇编的文件视同原文件管理。复制件应当加盖复制机关戳记，翻印件应当注明翻印的机关名称、日期。汇编本的密级按照编入公文的最高密级标注，发送范围按编入文件的最高发布层次确定。

（6）清退销毁：各机关、单位办公室要建立健全文件清退和销毁制度，密级公文应当按照发文机关的要求和有关规定，按年度进行清退或者销毁。销毁密级公文必须严格按照有关规定履行审批登记手续，应到当地保密部门指定的涉密载体销毁中心销毁，确保不丢失、不漏销。个人不得私自销毁、留存密级公文。

四、技能训练

（一）基本训练

（1）简述发文处理的程序。

（2）简述发文办理的程序。

（3）简述代拟公文发文的办理程序。

（二）案例分析

结合导引案例"文秘人员应警钟长鸣"，你认为在办理发文时应如何做好公文保密工作？

（三）能力拓展训练

将发文办理，包括复核、登记、印制、核发、传递等工作流程，用图表的形式表示出来。

五、任务成果展示

发出公文就是将已封装完毕的公文以多种方式传递给受文者。公文除需直接专门投送给规定的收文机关之外，大多数情况下是通过间接传递通道转投的。简述这些公文传递的通道。

第二节 收文办理

◆ 导引案例

这个文件为什么不放进保密柜里

一天，某市工业局秘书科的张秘书正在办公室批阅文件，这时，本单位一位以爱上访告状闻名的退休干部谭×走了进来，说要找局长。张秘书先热情地招呼他坐下，然后敲开了局长办公室的门，请示局长如何处置。局长接待谭×时，看到桌上放着一份上级发来的机密文件，马上说："这个文件为什么不放进保密柜里？"张秘书为自己的工作疏忽感到很内疚。

本单位收到文件后，接着要进行传递、处理。收文办理必须做到各个环节准确、及时、安全，应力求当日事当日毕。一般应在十五天内将文件中提出的问题办理完毕，并答复报文单位。因问题复杂，十五天内难以办结的，应向报文单位说明情况。紧急文件随到随办。有时限要求的文件，必须在时限内办完。

一、任务描述

收文办理是指对来自本组织外部的公文所实施的处置与管理活动。收文办理过程是一个接收公文，并从中提取有用信息、解决其所涉及的有关问题的过程，是收文机关履行其法定或特定职责的过程，是公文产生实际效用的过程。收文办理是一个系统工程，只有每个环节都做到既科学又规范，才能使公文处理的全部工作，以至单位的整个工作实现整体优化。

二、任务分析

（一）任务目标

了解有关收文办理程序的各个环节以及注意事项。

（二）任务分析思路

依据《党政机关公文处理工作条例》的规定，收文办理必须讲究效率。要不断提高公文处理的效率，就必须了解有关处理程序的各个环节以及注意事项。

小提示：所谓办文效率，即在办文过程中投入的劳动量与获得的办文效果的比率。

三、相关知识

（一）收文处理的含义

收文处理指对收到的公文进行处理的过程。

（二）收文处理的程序

签收（对收到的公文应当逐件清点，核对无误后签字或者盖章，并注明签收时间）→登记（对公文的主要信息和办理情况应当作详细记载，如登记标题、发文字号等）→审核（对收文特别是需要办理的公文，应当审核，审核的四项工作程序：分发、传阅、传批、拟办、批办）→承办→催办→注办。

小提示：签收启封时有三种文件不能拆——写领导亲启的文件、密级文件、没写名字的文件。

（三）收文分类办理

(1) 请示的办理：审核签收，分送办理，拟办送审，批复办理。
(2) 会议（活动）通知的办理：审核签收，分送办理，拟办送审，通知提醒。
(3) 阅件的办理：审核，分送。
(4) 函件及其他收文的办理：审核签收，分送办理，拟办送审，函复办理。

四、技能训练

（一）基本训练

(1) 将收文处理的程序用箭头表示出来。
(2) 简述收文办理中，在签收启封时不能拆的文件有哪些？

（二）案例分析

根据导引案例"这个文件为什么不放进保密柜里"，你认为张秘书什么地方做得不对？

（三）能力拓展训练

将收文处理，包括签收、登记、初审、承办、传阅、催办、答复等工作流程，用"方框图＋箭头"的形式表示出来。

五、任务成果展示

请用图表的形式，将发文处理、收文处理的流程表示出来，并进行比较分析。

第三节 档案管理

导引案例

为泄私愤 撕毁档案

张××系某机关综合档案室馆员，因对单位住房分配有意见，为发泄内心的不满，他在整理文书档案时，故意从永久保存在档案中的文件抽出了1 042页，扔入装废纸的麻袋中，企图随废纸销毁。其中包括已被撕毁的档案87页，撕下整页（未碎）的档案922页。这些被撕毁的档案内容涉及一些党员、干部、工人犯错误的检查及处理结果，还有一些有关党组织、党员、干部编制、机构等的登记表及统计报表。案发后，张××受到了法律的惩处。

档案是国家宝贵的历史文化财富，档案的历史价值在社会和经济发展中，在内政、外交、政治、经济、军事、文化等诸多领域一直占有突出地位，发挥着不可替代的信息支撑作用。办公室工作人员必须树立正确的档案观，树立依法办事的观念。

一、任务描述

档案管理亦称为档案工作，是档案馆（室）直接对档案实体和档案信息进行管理并提供服务的各项工作的总称，也是国家档案事业最基本的组成部分。档案管理主要包括档案的收集、整理、保管、鉴定、统计和提供、利用等。

档案管理的最终目的是提供档案信息为社会实践服务，档案管理系统的结构即根据这一目的而设置。其中每项工作都必不可少，并有一定程序。

二、任务分析

（一）任务目标

了解办公室档案工作人员的职责；理解档案开发利用的途径方法；掌握"四分四注意"立卷方法、文书档案案卷封面项目的编写、归档文件整理（以件为单位）、档案保管装具摆放与编号、档案检索、机关单位档案室查借阅档案流程。

（二）任务分析思路

学习中以档案工作的流程为主线。

三、相关知识

（一）办公室档案管理的作用

决策（档案管理为科学决策积聚信息原料）；控制（档案管理在现代管理中具有事后控

制和预先控制的功能）；激励（档案管理为人才资源管理提供新概念）。

（二）办公室档案管理概述

1. 办公室档案管理的归属

办公室档案管理主要由单位档案室负责。

2. 办公室档案管理的主要流程

收集→整理→鉴定→保管→检索→编研→利用→统计→开发。

3. 办公室档案管理机构与组织管理

（1）单位档案管理实行综合管理制度，做到统一领导、统一机构、统一制度，对全部档案实施有效管理。

（2）将档案管理纳入单位的工作计划、目标管理和相关部门管理及人员的岗位职责。

（3）由单位负责人分管、综合部门负责人主管档案管理工作。

（4）配备业务能力强、适应工作、相对稳定的专职或兼职档案管理工作人员（行政机关档案管理工作人员要求具有大专以上文化程度）。

（5）办公室档案管理逐渐形成嵌入式的工作模式，即实现对归档文件的前端控制和全程管理，正如加拿大著名档案学家特里·库克所言，档案管理人员要"停止扮演保管员的角色，而要成为概念、知识的提供者"。

4. 办公室档案管理工作人员的职责

贯彻执行有关法律、法规和国家有关方针政策，建立健全单位的档案管理工作规章制度；指导单位文件、资料的形成、积累和归档工作；统一管理单位的档案，并按照规定向有关档案馆移交档案；监督、指导单位的档案管理工作。

5. 档案管理中相关术语的含义

（1）全宗：是一个国家机构、社会组织或个人形成的具有有机联系的档案整体。详见《档案工作基本术语》（DA/T 1—2000）。

（2）立档单位：是指构成档案全宗的国家机构、社会组织或个人。

（3）立卷归档：立卷是把具有密切联系的文件，按照一定的方法组合在一起，放在卷夹里，加以排列、编号，并在案卷封面上写出标题的工作；归档是将办理完毕的有保存价值的文件经系统整理交档案室保存的过程。

知识链接：2000年12月26日，中华人民共和国档案行业标准《归档文件整理规则》正式颁布实施，这是我国机关档案工作改革的一项重大举措。该规则提出了不同于传统立卷方法的"文件级"整理方法，"立卷""立卷归档"这些词，将被"归档文件整理"所代替。我们通常将该规则执行前、后机关档案的整理方法分别称为：立卷归档，归档文件整理。

小提示：

归档在我国是一项制度，该制度简称为"归档制度"。

档案保管期限就是对档案划定的存留年限，它与档案本身的价值大小密切相关。

（4）归档文件：是立档单位在其职能活动中形成的、办理完毕、应作为文书档案保存的各种纸质文件。

（5）归档文件整理：是将归档文件以件为单位装订、分类、排列、编号、编目、装盒，使之有序化的过程。

（6）件：是归档文件的整理单位，一般以每份文件为一件。

（三）档案的收集与鉴定工作

1. 档案的收集

归档制度（包括归档范围、归档时间、归档要求、归档手续）；档案交接文据（其中交接的性质分为移交、寄存、征购或收购、捐赠四种）；档案鉴定。

2. 档案的鉴定

档案鉴定程序（确定归档范围 → 划分保管期限 → 档案归档复审）；填写档案保管期限表；参照《机关文件材料归档范围和文书档案保管期限规定》和《企业文件材料归档范围和档案保管期限规定》；编制机关文件归档范围和档案保管期限表。

小提示： 在划分档案保管期限时一定要"以我为主"：以自己单位制发的文件为主，以和自己单位工作性质、职能、任务密切相关的收文为主。

3. 注意事项

分析归档文件内容是确定档案保管期限最重要的方面。归档文件内容为"重要的"，其保管期限相对较长。"重要的"主要指三种情况：一是反映单位的主要职能，其中以反映本单位职能的典型性问题尤为重要；二是反映单位的基本面貌，如年度以上工作总结、综合统计等；三是反映单位的经济关系，如单位的房产、物产及其他债权债务文件材料。

（四）档案整理

1. 全宗和立档单位

全宗是一组档案，立档单位是形成该全宗的单位，没有立档单位，就没有全宗。立档单位又称为全宗构成者。

2. 立卷方法

可按问题、作者、名称、时间、地区、收发文机关、案件、工程项目、重要程度、形式、大小规格等立卷。使用得最多的是按问题、作者、名称、时间、地区、收发文机关（一般称为六个特征）立卷。

3. "四分四注意"立卷方法

(1) 分年度,注意文件内容的针对时间。

(2) 分级别,注意上下级之间文件的联系。

(3) 分问题,注意问题的联系性、准确性,结合运用文件的作者、名称、时间、地区和通信者等信息特征。按"问题"立卷时,应注意问题的含义大小和文件数量的多少,以及文件的所属作者多少。

(4) 分保管价值,注意保持文件的完整性。

小提示:"四分四注意"立卷方法所建立出的每一个案卷要保证卷内每一份文件满足四个"同":同一保管期限、同一年度、同一问题、同一级别。

4. 立卷归档环节

立卷归档环节如表6-1所示。

表6-1 立卷归档环节示意

分类	分年度、期限、问题、级别
↓	
排列	同一卷内的若干份文件应根据时间、问题、作者、地区、文种、重要程度、程序或阶段加以排列
↓	
编号	排列好的文件要以卷为单位在每页有图文的文件正面的右上角、背面的左上角编写页码
↓	
编目	填写卷内文件目录(格式如表6-2)、案卷目录(格式如表6-3)、案卷封面(格式如表6-4)

表6-2 卷内文件目录格式

顺序号	文号	责任者	题名	日期	页号	备注

表6-3 案卷目录格式

案卷号		题名	年度	页数	期限	备注
档案室编	档案馆编					

表6-4　案卷封面格式

（全宗名称）

（类目名称）

（案卷题名）

自　　年　月至　　年　月	保管期限	
本卷共　　件　　页	归档号	

全宗号	目录号	案卷号

5. 文书档案案卷封面项目的编写

（1）全宗名称：立档单位的名称，填写时必须用全称或通用简称。

（2）类目名称：指全宗内档案分类表中的第一级类目的名称。

（3）案卷题名：即案卷标题，一般由档案整理人员自拟。案卷题名应当准确地概括本卷文件的主要制发机关、内容、文种。文字应力求简练、明确。

（4）时间：应填写卷内文件所属的起止年月。

（5）保管期限：按整理时所划定的保管期限填写。

（6）件、页数：装订的案卷要填写总页数。不装订的案卷要填写本卷的总件数。

（7）归档号：填写文书处理号。有的单位将案卷目录中的室编案卷号作为归档号填写，方便了档案室保管和档案统计，利于以后将档案移交档案馆。

（8）档号：案卷封面的档号由全宗号、目录号、案卷号组成。

（五）归档文件整理

《归档文件整理规则》（DA/T 22—2000）规定，归档文件整理就是以"件"或"为一件"为整理单位，进行文件的整理，即将归档文件以件为单位装订、分类、排列、编号、编目、装盒，使之有序化的过程。

1. 装订

档案装订时，正本在前，定稿在后；正文在前，附件在后；原件在前，复制件在后；转发文在前，被转发文在后；来文与复文作为一件时，复文在前，来文在后。

装订的对齐方式：左上角装订，则左、上边对齐；左侧装订，则左、下边对齐。

装订方式：线装、粘接、穿孔、变形材料等。

装订材料：装订线、糨糊、热封胶、订书钉、不锈钢夹、热压胶管等。

小提示：大部分省档案局规定，用缝纫机在文件左侧轧边，文件较厚时，则用"三孔一线"的方法装订档案。

2.归档文件整理分类

归档文件可以采用"年度—机构（问题）—保管期限"或"保管期限—年度—机构（问题）"等方法进行分类。同一全宗应保持分类方案的稳定。

3.归档文件整理排列

归档文件应在分类方案的最低一级类目内，按事由结合时间、重要程度等进行排列；会议文件、统计报表等成套性文件可集中排列（文件属同一保管期限）。

4.归档文件整理编号

归档文件应依分类方案和排列顺序逐件编号，在文件首页上端的空白位置加盖归档章并填写相关内容；归档章设全宗号、年度、保管期限、件号等必备项，并可设置机构（问题）等选择项；室编件号是在分类方案的最低一级类目内编制的，比如：采用"保管期限—年度机构（问题）"分类，则应该在所有同一保管期限、年度、机构（问题）的文件中从"1"开始标注，而不是在每一保管期限、每一年度、每一机构（问题）或每一卷盒中从"1"开始标注。

5.归档文件整理编目

（1）件号：填写室编件号。

（2）责任者：制发文件的组织或个人，即文件的发文机关或署名者。

（3）文号：文件的发文字号。

（4）题名：文件标题。没有标题或标题不规范的，可自拟标题，外加"[ ]"号。

（5）日期：文件的形成时间，以8位阿拉伯数字标注，如：20091223。

（6）页数：每一件归档文件的页数。文件中有图文的页面为一页。

（7）备注：注释文件需说明的情况。

归档文件整理编目式样，如表6-5所示。

表6-5 归档文件整理编目式样

件号	责任者	文号	题名	日期	页数	备注

小提示：归档文件编目应装订成册并编制封面。

6. 归档文件整理装盒

（1）档案盒封面：应标明全宗名称。

（2）盒脊：档案盒应根据摆放方式的不同，在盒脊或底边设置全宗号、年度、保管期限、起止件号、盒号等必备项，并可设置机构（问题）等选择项。起止件号填写盒内第一件文件和最后一件文件的件号，中间用"—"号连接。盒号即档案盒的排列顺序号，在档案移交档案馆时按进馆要求编制。

（3）备考表：置于盒内文件之后，项目包括盒内文件情况说明、整理人、检查人和日期。

7. 归档章

手工进行文档处理的单位，需要刻制归档章，归档章式样如表 6-6 所示。归档章一般应盖在归档文件首页上端居中的空白位置。如果领导指示或者收文章占用了上述位置，可将归档章盖在首页的其他空白处，但是以上端为宜。

表 6-6 归档章式样

（全宗号）	（年度）	（室编件号）
（机构或问题）	（保管期限）	（馆编件号）

归档章大小为：长 × 宽 = 4.5 cm × 1.6 cm

（六）档案保管

1. 档案保管的内容

建立健全档案库房管理制度，编制档案柜架排列号，档案排列上架，控制与调节库房温湿度，档案安全防护。

2. 档案库房管理制度

档案工作人员要提高警惕，认真做好库房的安全、保密工作。库房内档案柜、架均统一编号，档案的存放按门类、载体排列。编号顺序从上至下，从左至右；档案库房的门、窗要牢固，库内无人时要关好门窗，关闭照明电源。非档案工作人员，未经许可不得进入库房。

3. 档案保管所需条件

档案库房，档案装具，档案包装材料。

4. 档案库房管理

（1）档案库房管理要求：档案库房要坚固、安全、专用，适宜保管档案，和阅览室、办公室实行三分开。

（2）档案装具：档案装具按编号有序排放。

（3）档案存放：档案竖放时，档案卷皮或卷盒的脊背朝外，这样取放档案比较方便；平放有利于对档案的保护，但取放不方便，所以大多用于保管珍贵档案，以及卷皮质软、幅面过大和不宜竖放的档案。

(4)档案的安全防护：防火、控制库房温度湿度、防光、防尘。

5.全宗卷

全宗卷是档案馆（室）在管理某一全宗过程中形成的，能够说明该全宗历史情况的有关文件材料所组成的专门案卷。

（1）全宗卷内容：全宗指南，大事记，档案收集工作中的材料，档案整理工作中的材料（包括整理方案、分类方案、案卷目录说明、整理工作小结等），档案鉴定工作中的材料（包括鉴定小组成员名单、档案保管限期表、鉴定档案分析报告、销毁档案的请示与批复、销毁档案的清册等），档案保管工作中的材料（包括档案安全检查记录、报告，重点档案采取的特殊保护措施，档案的抢救与修复情况报告等），档案统计工作中的材料（包括档案收进、移出登记，案卷基本情况统计和重要的利用统计表等），档案利用工作中的材料（包括缩微复制和计算机辅助管理等情况的文字说明材料），档案管理新技术的应用材料（包括开放利用和控制使用范围说明、档案汇编和公布出版情况及报批文件、档案产生社会或经济效益的典型事例等）。

（2）全宗卷整理流程：积累材料→做好鉴定工作（鉴定文件材料的完整程度及其保存价值，对于有重要遗缺或无保存价值的应予以补齐或剔除）→卷内文件系统排列（全宗卷内文件材料按"问题—时间"的方法进行系统排列）→按件装订放入盒内（全宗卷内文件材料逐件加封面、编件号，装订后装入卷盒，卷盒封面、脊背印"全宗卷"三字，并分别著录全宗号、全宗名称和编制日期）。

（七）档案检索

档案检索是记录、报道和查找档案的工具，是查找档案使用的目录、索引和指南的统称。档案检索包括：全宗指南，现行文件汇编，发文汇编和会议文件汇编，单位大事记。

（八）档案开发利用

1.档案开发利用的途径方法

提供档案原件、档案复制品、档案信息加工品、已公开现行文件、档案资料目录信息查询服务；档案阅览、档案外借、档案展览与陈列、制发档案复本、制发档案证明、档案目录信息和档案咨询等服务；网络平台服务；视听传播服务；现行文件查询利用服务。

2.单位档案室查借阅档案的范围及相关流程

（1）借阅一般档案：包括非密文书档案、科技档案、声像档案、实物档案。

（2）查阅保密档案，其流程是：查阅人符合标准，必须是本单位工作人员→填写查借阅登记表→办公室领导审批→局保密委主任批准→查阅档案。

小提示：保密档案原则上不复印，不外借。

（3）查阅会计档案，其流程是：查阅人符合标准，必须是本单位工作人员→填写查借阅登记表→财务处领导审批→办公室领导审批→分管财务局领导审批→查阅档案。

（4）查阅业务档案，其流程是：外单位查阅人须持单位介绍信→档案室领导审批→办公室领导批准→到各业务档案保管室查阅档案。

(5) 网上查阅文书档案，其流程是：必须是符合查阅人条件的相关人员→登录网站→检索所需档案→点击"原文"按钮→填写利用登记表→等待审批授权→在"授权文件"里查看。

四、技能训练

（一）基本训练

(1) 简述"四分四注意"立卷方法。

(2) 简述归档文件整理的流程（以件为单位）。

（二）案例分析

根据导引案例"为泄私愤 撕毁档案"，谈谈你的读后感。

（三）能力拓展训练

资料：

内部管理不容忽视

××市一家机械厂于1994年2月份与市机械研究所合作研制生产2L30型装载机，正当技术人员为试制作生产设计、晒图做生产技术准备时，厂办公室秘书王××利用工作之便，乘档案员李××将钥匙放在桌子上之机，用铅笔将档案室门上的钥匙压在事先准备好的一块胶泥上并配制钥匙成功，在夜间打开了档案室的门，盗出2L30型装载机图纸，以1万元的价格卖给外地的一家工程机械厂。由于该厂没有及时发现图纸被盗一事，造成该厂还在将此作为拳头产品进行研制时，外厂已照图纸投入生产，以致给该厂造成严重的经济损失。

这一案件给我们的警示是什么？

建议：从必须强化档案室的内部管理的角度进行分析。

五、任务成果展示

资料：

文件为何失踪？

××公司总经理指示行政部季主任：查一下去年给锻接车间的"批复"件中规定他们今年减少生产WWH—6组件的具体数字是多少。季主任吩咐文档室查找，结果管理文档的工作人员追查了去年的所有文件也未找到，仅查到锻接车间"要求减少生产WWH—6组件"的请示。经工作人员回忆，当时移交文书时，就曾提出过未见"批复"件，但时间一长，也就不了了之了。因该文件最后一直未能查到，有关工作人员，包括办公室主任，都受到了应有的处分。

文件失踪，你认为问题出在哪一环节？

第四节　电子文档管理

导引案例

电子档案面临的问题

档案管理人员体悟：电子档案工作现已成为档案管理现代化的重要组成部分，电子档案取代纸质档案已成为必然，但目前电子档案和纸质档案在我国还处于双轨制并存状态。要想做好电子档案的储存，必须解决管理水平提升的问题、档案信息自动化系统管理体制的问题、技术更新的问题。

一、任务描述

电子文档是由数字电子计算机处理的文档。随着计算机技术和网络的飞速发展，人类社会进入信息时代，党政机关部门、企事业单位的信息通过电子文件档案数据中心可转化成为档案或公文。

二、任务分析

（一）任务目标

掌握电子文档管理的基础知识。

（二）任务分析思路

从电子文件档案数据如何转化成为档案或公文的过程入手学习。

三、相关知识

（一）电子档案管理的内容

（1）鉴定：包括内容鉴定（价值分析、程序）和技术鉴定（包括真实性、完整性、可读性、病毒检查、载体性能及网络连接状态监测）。

（2）归档：

①归档的方式：包括逻辑归档和物理归档。

②归档的范围：包括文件本身、支持性文件、数据文件、有关纸质文件。

③归档的时间：包括实时归档和定期归档。

④归档的要求：齐全完整、真实有效、备份归档。

⑤归档的手续：一是逻辑归档的电子文件，在网络上进行，系统将自动赋予文件以归档标志，并生成《归档电子文件登记表》，交接双方在登记表上签字。二是物理归档的电子文件，把电子文件集中下载到脱机保存的载体上，向档案部门移交。交接双方应根据《归档电

子文件登记表》进行检查验收，核实其真实性、完整性、有效性；验收合格后在《归档电子文件接收检验登记表》（一式二份）上签字盖章，双方各持一份。三是采用双套制的电子文件，应遵循纸质文件的归档手续。双方在移交清单（一式二份）上签字后，双方各持一份。

（3）分类排序：

①归档电子文件以"件"为单位整理。

②同一全宗内的电子文件按照年度—保管期限—机构（问题）或保管期限—年度—机构（问题）等方案进行分类。

③按电子文件类别代码相对集中地组织存储载体。

④电子文件的著录应参照《档案著录规则》进行著录，同时按照保证其真实性、完整性和有效性的要求补充电子文件特有的著录项目和其他标志，如责任者、操作者、背景信息、元数据等。

⑤将著录结果制成机读目录和纸质目录。

（4）建立数据库：分类编号，按照分类方案对电子档案进行划分，给每份文件一个固定的号码，使全部电子文件成为一个有机的排列有序的整体；登记，归档电子文件应以盘为单位填写《归档电子文件登记表》首页，以"件"为单位填写续页。对需要长期保存的电子文件，应在每一个电子文件的载体中同时存有相应的机读目录。

（5）保管：包括载体的物理保护，严格控制温湿度、净化外部环境、防磁防震、减少机械损伤、定期检测与拷贝。信息的安全防护，采用备份和镜像技术，防止信息丢失，加密，访问控制，防治病毒，安装补丁程序。

（6）利用：提供物质载体的拷贝，利用网络传输电子档案，通过计算机直接提供利用。

（二）电子公文网上交换

1. 含义

电子公文是指按照中央办公厅、国务院办公厅和各地党委、政府办公厅（室）以及有关部门办公厅（室）电子公文传输系统处理后形成的具有规范格式的公文电子数据，也就是以计算机网络及其他数据通信介质为传递渠道的新的公文形式。电子公文网上交换就是指电子公文通过电子政务内网进行发送、报送和管理的新的公文处理方式。目前，我国规定只有非涉密公文才能在网上进行交换。

2. 作用

电子公文网上交换系统的运用实现了从公文起草、审核、签发到公文签收、批办、承办、催办、传阅、存储等工作环节的无纸化流转，对节约办公成本，提高工作效率，推进阳光、高效、服务型政府（机关）建设具有重要作用。从当前的推进情况看，各地、各部门、各单位实行电子公文网上交换的广度、深度差异较大，但这是一个发展方向，也是公文处理的一场革新。

3. 制度

电子公文的行文规则、格式规范、发布处理等都须遵守《党政机关公文处理工作条例》

和《党政机关公文格式》等规定，同时遵守电子公文管理的相关规定。

（三）电子公文处理过程可分为五个部分（电子公文的生命周期）

（1）创建：根据一定的规则建立电子公文。

（2）办理：通过计算机系统对电子公文进行收发、批阅等相关操作。

（3）交换：按始发者意图进行跨系统的公文传递。

（4）归档：依据国家或本部门档案管理规定对办理完毕后的电子公文予以存储。

（5）销毁：依据有关规定将电子公文从存储介质上物理删除。

（四）电子公文管理的有关要求

1. 接收要求

接收电子公文的机关（单位）应当对公文的发送部门、公文的完整性和体例格式等进行核对，确认无误后方可接收；接收机关（单位）应当及时接收电子公文，按照每个机关（单位）规定的时间段、时间点，对网上公文交换中心的电子公文进行浏览查询，及时签收、下载；未按时签收文件造成严重后果的，要追究相关责任人的责任；对不能正常接收的电子公文，接收机关（单位）应及时与上级机关的秘书部门或网管中心联系，查明原因；节假日和下班时间的紧急公文一般不通过网上发送，如果从网上发送要电话通知有关机关（单位）接收，有关机关（单位）应按特事特办的原则办理。

2. 处理方式

在网上分发处理电子公文，这就要按照本机关（单位）的有关规定，流转给相关的领导和机构，并做好登记、管理。将电子公文印制成纸质文件分发处理，这就要按照传统纸质文件管理的有关规定进行处理。网上分发与纸质文件分发相结合，这种情况一般是将电子文件通过网络流转给相关单位和内部机构，印制纸质文件分送领导，应分别按照有关规定办理。

3. 制发

电子公文制发包括制作、上传上网和管理等工作。

（五）电子公文处理的主要业务

（1）发文处理程序：指以本机关（单位）名义制发电子公文的各项工作，包括拟稿、审核、签发、复核、登记等环节。

（2）收文处理程序：收文处理指收受电子公文并从中提取有关信息，是收文机关（单位）履行其法定职能，使电子公文产生实际效果的过程，具体工作包括签收、登记、审核、拟办、承办、催办等。

四、技能训练

（一）基本训练

（1）简述纸质档案与电子档案的关系。

（2）简述归档电子文件的要求。

（二）案例分析

资料：

误销档案

××机关秘书王×，在临时负责本局办公室工作期间，为了给新购进的复印纸腾出存放地点，在既未请示局领导，又未亲自查看的情况下，擅自批准工作人员将1957年至1969年期间形成的档案从柜中搬出，装入麻袋堆放在机要室，后因办公室调整又转放到油印室。此后，在长达半年多的时间里，王×既没有安排档案管理人员去整理、保管这部分档案，又没过问这批档案的下落，使得这些档案最终被人误认为是油印室无用的废纸予以销毁。事发后，王×做了深刻检讨，并受到了行政警告处分。

从这起误销档案事件中，我们应当吸取哪些深刻的教训？

（三）能力拓展训练

有人说：只有真正的电子文件大量产生才会出现真正的电子档案管理。只有用计算机对档案信息进行全文（实体）管理和利用，档案工作才能称得上真正进入了信息时代，档案管理也才能真正被称为现代化管理。

请你谈谈你对电子档案管理的看法。

五、任务成果展示

调查你所在单位电子档案的使用情况，并撰写调查报告。（200字以上）

本章小结

文书管理工作主要包括起草撰制文书、收文传递、处理文书，以及针对文书内容处理各种事务工作。收发处理文书的关键是掌握有关处理程序的各个环节以及注意事项。针对来文内容，办公室工作人员在办理事务时，要责任心强，善始善终，有法可依。

第七章

会议服务与管理实务

教学目的与要求

- 了解：会议的类型与特点，会议信息工作
- 理解：会议的管理制度及其制定
- 掌握：会议的预算与成本控制，会务管理工作

第一节 会议概述

导引案例

××实业总公司第六届职工代表会议方案

××实业总公司党委：

根据市总工会成员的指示，考虑我总公司第五届职工代表大会选出的领导班子已任期届满，总公司工会研究决定，于2003年11月20日至22日，在总公司俱乐部召开第六届职工代表大会。现将会议方案报告如下：

一、会议任务。召开总公司第六届职业代表大会，总结上届工会委员会工作，选举第六届总公司工会委员会成员，研究在"十五"计划期间，如何根据新形势、新任务开展工会工作。

二、会议代表名额。出席第六届职工代表大会的代表，仍按总工会会员的比例，下达到各基层单位，通过民主选举产生。全公司共选出出席代表大会的代表80人。基层单位代表名额分配表附后。

三、会议议程及日程。11月20日，由第五届工会委员会主席赵××做《××实业总公司2002年度工会工作总结报告》，并交与会代表讨论审议。11月21日，选举产生总公司第六届工会委员会。然后讨论在"十五"期间，如何根据新形势、新任务开展工会工作，并制定出第六届工会委员会工作规划。

四、会议召开办法。大会与小会相结合，开幕式、闭幕式为大会，讨论分大会与小会两种形式。在小组讨论的基础上，各组选出代表，就"十五"期间的工会工作，在大会上发言。

五、会议的准备工作，拟组织两个精干的小组，分别总结上届工会委员会工作，起草下届工会委员会工作规划。准备工作力争在11月18日之前完成。代表的选举工作,也在11月18日之前完成。

六、会议经费。因这次会议时间不长,又在总公司内召开,所需经费很少,我们研究,可由工会会费支出。

七、会议的后勤保障。与会代表将统一安排在公司招待所住宿。伙食标准:每人每天100元,自助餐形式。22日晚安排会餐,公司车队将派出两辆大客车供会议使用。

八、开幕式上,拟请党委书记明×同志讲话。闭幕式拟请主管工会工作的李书记讲话。

××××年×月×日

苏联一位叫作卡婕琳娜的文秘专家曾有一份研究资料表明:"会议比重占指挥员和专家工作时间的30%～33%。"日本效率协会统计发现:"全日本科长以上管理人员工作时间的40%是在开会。"美国一位管理学家说过:"领导人相当的一部分生命要在会议中度过。"

一、任务描述

开会是领导管理的重要手段。会议是有组织、有目的地召集人们商议事情、沟通信息、表达意愿的行为过程。

二、任务分析

(一)任务目标

了解会议类型;理解会议目的;掌握会议要素、会议基本过程、会议规范。

(二)任务分析思路

围绕组织召开会议是组织存在的需求,可以达到集思广益、发布信息、监督员工、协调矛盾、激励士气、资源共享的目的。

三、相关知识

(一)会议的含义及意义

(1)会议的含义:

会议是指三人以上聚集在一起,有目的、有组织、有领导地商议事情的一种活动形式,是实施领导和管理的重要手段和工具。

(2)会议的意义:

会议是一个集思广益的渠道,会议表现出组织的存在,会议是一种群体沟通的方式。

(二)会议的基本组成要素

会议的基本组成要素包括:①主办者(出资的组织、领导机关主办、发起者主办、成员轮流主办、经申请主办);②承办者(来自主办者内部,也可以是来自主办者外部的个人、组织);③与会者(参加会议的对象:正式成员、列席成员、工作人员、嘉宾);④会议议题（会议讨论或解决的问题）；⑤议程；⑥会议时间（一是指会议召开的时间，二是指整个会议所需要的时间，三是指每次会议的时间限度）；⑦会议地点（指会议召开的具体场所）；⑧会议保障（会议规则、会议经费）；⑨主持人等。

注意：每次会议时间最好不超过一小时。如果需要更长时间，应该安排中场休息。

（三）会议的总体要求

会前精心筹备、会中周全服务、会后组织落实都是会议成功举行的重要保障。

（四）会议的基本过程

1. 会议的基本阶段

分为会前、会中、会后三个阶段。

2. 会议的基本流程

会议策划→会议组织构架与审批→会议筹备方案→会议通知→会议承办与准备→会议签到与接待→安排大会发言→会议值班→会中组织与管理（做好会议记录和简报工作，做好会议的选举和表决工作）→会后管理与落实（印发会议纪要）→会议评估与总结→催办与反馈。

3. 具体会议流程

开会之前可以放音乐，最好是舒缓的轻音乐，当然也可以播放有关单位产品介绍的视频→主持人上场问好、做自我介绍→主持人说明本次会议目的及议程→主持人说明纪律要求（不要开手机，不要随意走动，不要吸烟）→主持人请领导致辞→领导致辞，对主讲人表示欢迎，说明此次会议的重要意义和作用，简单介绍主讲人的主讲内容，强调其讲话的精彩和对与会者的帮助→主持人介绍第一位主讲人主讲的题目、内容→请听众以热烈掌声欢迎主讲人上台（其余主讲人以此类推）→上午结束时，主持人说明午餐安排，下午开始时间，大约结束时间→再次重复下午的议程安排，简单介绍主讲人主讲内容，强调其讲话的精彩和对与会者的帮助→下午开始时主持人要调节听课气氛，可以讲个笑话或者表演一个节目→主持人介绍第一位主讲人主讲的题目、内容→请听众以热烈掌声欢迎主讲人上台（其余主讲人以此类推）→主持人在每位主讲人讲课结束后，要做简单的评价，并再次提议大家掌声感谢→领导做总结→结束。

（五）会议规范

会议规范主要包括：所有与会者将每周工作安排时间表交给会议安排人，以找出最适宜所有与会者的开会时间；超过1小时的会议应有书面通知、议程表及相关资料，所有与会者都要准备发言材料；准时开始，准时结束；会议结束时达成决议；所有与会者应承担起对会议质量进行反馈的职责；必要时请第三方监控，以保证会议质量。

（六）衡量会议质量的主要标准

（1）会前：会议是否确有召开的客观必要性；会议目的和会议风气是否端正；会议时机是否已经成熟；会议的议题是否明确，会前的沟通是否到位；各项准备工作是否已经准备充分，包括软件和硬件。

（2）会中：会议规模和规格是否适度，绝不可小会大开或大会小开，随意升格或降格；会议节奏是否紧凑，要尽可能化繁为简，绝不短会长开；会议是否守规守法，一切应有条不紊地进行；主持人和与会者是否掌握了科学的方式方法。

（3）会后：评价会议的正面实际效益，包括社会效益、经济效益和学术效益。

（七）提高会议质量的主要方法和措施

（1）严格执行会议审批制度，不合乎条件的会议一律不开。

（2）建立健全并严格实施包括会议规则在内的一整套会议制度。

（3）科学、有效、充分地做好会议准备工作。

（4）严格控制会议人数，不允许无关人员与会。

（5）保证会场秩序，禁止无关人员随意入场、与会人员中途退场。

（6）议题应集中，日程要紧凑，尽量缩短时间，保证与会者精力集中。

（7）充分运用现代化的技术手段。电话、录音、录像、电脑等设备有助于提高信息传递的效率和质量，能节约时间、缩短会期、提高会议效率。

（8）提高会议主持人和与会者的开会水平。

（9）制定切实可行的制度和措施监督会议决议的执行过程，避免只开会而不管效果的倾向，以保证会议的有效性。

四、技能训练

（一）基本训练

（1）简述会议的基本组成要素。

（2）简述会议的基本过程。

（二）案例分析

结合导引案例"××实业总公司第六届职工代表会议方案"，请你拟写此会议的议程表和日程表，有关内容依据资料或自编。

（三）能力拓展训练

请将你所在单位的年终总结会的会议流程写出来。

五、任务成果展示

请你搜集会议腐败的案例，总结出会议腐败的通病，提出你认为能够杜绝会议腐败的措施。

第二节 会议的类型、特点与作用

▶ 导引案例

××电器店店庆活动

××电器店准备搞一次店庆，如何做好本次活动的宣传工作呢？××电器店办公室从以下四个方面开展工作：

（1）媒体沟通法：利用各种媒体，包括报纸、杂志、广播、电视、网络等对店庆活动的组织和内容进行跟踪报道，在店庆活动开始前后召开新闻发布会，为新闻媒体准备统一的新闻宣传材料。

（2）内部宣传法：利用组织内部的各种报纸、刊物、黑板报、广播和局域网等进行宣传。

（3）群众工作法：利用员工的人脉，传递××电器店店庆活动的信息。

（4）气氛渲染法：通过环境的渲染，吸引眼球，招引客源。

会议可以按照人数、开会方式和开会目的进行分类，每一种分类都从一个方面反映了会议的作用，每一种分类都与人们的实际需要、社会的不断发展密切相关。

一、任务描述

正确地确定会议类型是会议顺利召开的保障条件。

二、任务分析

（一）任务目标

掌握会议的类型和会议的特点。

（二）任务分析思路

依据会议的内容选择不同的会议类型，才能实现开会的目的。

三、相关知识

（一）会议的类型

（1）按规模大小分：特大型会议（万人以上）、大型会议（数千人）、中型会议（百人上下至数百人不等）、小型会议（数十人或数人）等。

（2）按功能性质分：决策性会议（股东大会）、讨论性会议、执行性会议、告知性会议、学术性会议、协调性会议、报告性会议、谈判性会议、动员性会议、纪念性会议、立法性会议、党务性会议、行政性会议、业务性会议、群众性会议、交际性会议。其中，立法性会议是指权力机构召开的会议；党务性会议是指政党召开的会议，行政性会议是指各级行政机关（单位）召开的执行性、工作性会议；业务性会议是指各部门召开的专业性会议；群众性会议是指非官方、非专业组织为表达群众意愿召开的会议；交际性会议是指旨在增进了解、发展友谊而召开的会议。

（3）按组织类型分：内部会议和外部会议、正式会议和非正式会议。

（4）按会期分：定期会议和不定期会议。

（5）按出席对象分：联席会议（由若干单位共同召集并参加）、内部会议、代表会议、群众会议等。

(6) 按议题性质分：专业性会议、专题性会议、综合性会议等。

(7) 按会议方式分：面授会议、观摩会议、电视电话会议、网络会议、集中会议、分散会议等。

(8) 按与会人数分：团队会议、一对一会议。

小提示：团队会议主要是工作团体或者项目团体聚集在一起讨论若干议题，可以是一个，也可以是多个。

(9) 按开会方式分：面对面会议、电话会议、视频会议。

(10) 按开会目的分：宣布人事安排、讲解政策的会议；当众表扬或批评别人的会议；临时处理突发事件的会议；集思广益的会议。

（二）会议的特点

会议是目的性强，组织有序，以口头交流为主的多向交流活动。

（三）会议的作用

(1) 会议的积极作用：交流信息，互通情报；发扬民主，科学决策；增进友谊，促进团结；统一认识，协调行动；带动消费，促进经济。

(2) 会议可能带来的负面作用：造成时间、精力的浪费，金钱的浪费，信息的重复、浪费；滋长不正之风。

四、技能训练

（一）基本训练

(1) 简述按功能性质分的会议类型。

(2) 简述会议的特点。

（二）案例分析

根据导引案例"××电器店店庆活动"，剖析××电器店办公室从四个方面开展工作的意义。

（三）能力拓展训练

资料：

请柬发出之后

××机关定于×月×日在单位礼堂召开总结表彰大会，发了请柬邀请有关部门的领导光临，在请柬上把开会的时间、地点写得一清二楚。

接到请柬的几位部门的领导很积极，提前来到礼堂开会。一看会场布置不像是开表彰会的样子，经询问礼堂负责人才知道，今天上午礼堂开报告会，××机关的总结表彰大会改换地点了。几位领导同志感到莫名其妙，各个都很生气，改地点了为什么不重新通知？

一气之下，都回家去了。

事后，会议主办机关的领导才解释说，因办公室工作人员工作粗心，在发请柬之前还没有与礼堂负责人取得联系，认为不会有问题，便把会议地点写在请柬上，等开会的前一天下午去联系，才知得礼堂早已租给别的单位用了，只好临时改换会议地点。

但由于邀请单位和人员较多，来不及一一通知，结果造成了上述失误。尽管会议主办机关的领导登门道歉，但造成的不良影响也难以消除。

问题讨论：这个案例说明办公室工作人员在会议准备时应注意什么问题呢？

五、任务成果展示

你所在的单位最近承办一个招商引资洽谈会，你认为此会属于哪种类型会议，其特点是什么呢？

第三节 会议管理制度的制定

导引案例

一次"三高"会议

在林林总总的腐败行为中，会议腐败是不可等闲视之的一种。震惊世人的"审计风暴"所披露的原国家电力公司的一次"三高"会议，便是会议腐败的典型案例。

几年前，国家电力系统在武汉召开的名为"强化干部管理，提高干部素质"的会议，极尽奢华，短短的3天会期耗资304万元，人均2.4万元，是一次名副其实的"高标准食宿、高规格接待、高档次礼品"的"三高"会议。凡是看过媒体披露的这次会议内幕的人，都会始则瞠目结舌，继则拍案而起。

借开会之名，行腐败之实，"功夫在会外"，早已成为一些会议的"通病"而遭到群众反感。办公室负责会议的组织和承办工作，严格执行会议管理制度是当务之急，刻不容缓。

一、任务描述

会议腐败无疑尽情展示了某些官员口是心非、言行不一的丑恶嘴脸，无情嘲弄了会议本该拥有的庄严内涵，既腐蚀干部队伍，又败坏社会风气，还吞噬国有资产，危害极其严重，绝不能等闲视之。当务之急是建立严格的会议制度，完善对策，从严整治，进而战而胜之，堵而绝之。

二、任务分析

（一）任务目标

了解会议制度的目的，理解会议管理制度的内容，掌握改进会风的要求。

（二）任务分析思路

对会议基本要素的控制是执行会议制度的前提。

三、相关知识

（一）制定科学的会议制度

（1）制定会议制度的目的：规范各项会议及各类培训流程，统一会议管理模式，减少会议数量、缩短会议时间、提高会议质量。

（2）会议制度的内容：主要包括对会议基本要素（与会者、主持人、议题、名称、时间、地点）的控制。

（3）会议制度和会议管理制度的区别：它们是相互交叉重叠却有很大差异的两套规章制度。①目的不同，会议制度是为各种会议服务的；而会议管理制度则主要是为组织的目标服务的。②解决的问题不同，会议制度只是针对各种各样的会议，制定出会议的程序、会议的注意事项、参加的人员范围、规模的大小、会议的种类等事宜；而会议管理制度主要是解决开什么会？为什么要开？怎样开？在什么地点开？开多长时间？应该不应该开？等等问题的。③效果要求有差异，会议管理制度要围绕组织目标，所要达到的预期效果等内容，如会议所要达到的经济效益、社会效益或生态效益等；而会议制度一般是不要求会议一定要获得何种效果的，并且没有制定对会议效果进行检查、评估和总结等的一整套措施，仅仅是对会议的过程做出合情合理的安排而已。

（二）会议频率

每种会议都有其合理的发生频率，只有掌握了合理的会议频率，才能更高效地利用各种会议，解决问题、达到目的。

（三）改进会风的要求

改进会风的要求有：按照"关于改进工作作风密切联系群众的八项规定"进行自律，树立正确的会议观念，倡导务实和负责的精神；建立健全会议制度，加强对会议的指导和控制；变革会议的方式和手段，多借助广播、电话、电视、网络等现代通信手段开会，努力提高会议效率。

四、技能训练

（一）基本训练

（1）简述制定会议制度的目的。

（2）简述会议制度的内容。

（3）简述改进会风的要求。

（二）案例分析

通过阅读导引案例"一次'三高'会议"，你获得了哪些警示？

（三）能力拓展训练

你认为导致会议腐败的症结是什么？

五、任务成果展示

依据本单位会议管理制度的内容，列出一个"会议管理制度提纲"。

第四节 会议的预算与成本控制

导引案例

××公司新产品发布会经费预算

公司定于2003年1月15日在××大厦一楼会议室召开新产品发布会。与会人员预计200人，现就会议所需的各项经费提出预算。

一、场地租用费

××大厦一楼会议室租金一天5 000元，两天共计10 000元。

二、摄像设备租用费

拟租摄像机2台，每台每天租金2 000元，共计4 000元。

三、聘请专家咨询费

拟请专家2人，每人每天支付5 000元，共计10 000元。

四、宴请费用

10人一桌，每桌标准2 000元，共计40 000元。

五、交通费用

租用旅行车2辆，每辆每天500元，两天共计2 000元。

六、会议用品费

每份宣传资料成本为5元，需印制2 000份。共计10 000元。

七、纪念品

到会预计200人，每人一份纪念品价值100元，共计20 000元。

此次会议经费总计9.6万元。

此预算提交总经理办审查批准。

会议筹备小组

2004 年 1 月 3 日

根据我国会议管理权威机构统计：在我国，一个单位的领导，一年有大约 80% 的时间在开会；我国每天召开的会议大约有 240 万个；全国每年会议经费达 35 亿元！

一、任务描述

会议作为工作手段的一种，也和其他工作一样有它的成本。

二、任务分析

（一）任务目标

了解会议经费的使用范围、会议经费使用中各种票据的作用和管理规定、如何控制会议成本，掌握会议经费的类型。

（二）任务分析思路

学习者应了解会议经费的类型、主要来源和筹措方式，会议经费的构成；掌握会议固定费用和可变费用的差别，会议经费使用和审核监督的主要程序和方法。学习者还要了解会议经费使用中各种票据的作用和管理规定，并掌握会议经费的结算方式和结算时机。

三、相关知识

（一）会议经费的类型及来源

与会人员交费、参展商交费、联合主办者交费、广告、赞助和捐助、公司分配、其他收入项目。

（二）会议经费的构成

文件资料费 + 会议场地租用费 + 会议设备和用品费 + 会议办公费 + 会议宣传交际费 + 会场装饰费 + 文具、资料费 + 交通费 + 邮电通信费 + 茶水、食宿费（会议住宿补贴、会议伙食补贴）+ 人工费 + 娱乐休闲费 + 会议其他开支。

（三）会议经费预算

（1）预算的概念：预算是一种将资源分配给特定活动的数字性计划工具。

（2）制定会议预算的原则：树立全局观念，搞好综合平衡；先进、经济、合理；量入为出；分清轻重缓急，精打细算。

（四）会议经费的使用程序

申请经费→主管领导审批→财务部门审批→财务人员提取现金或填写支票→经费支出→审核会议经费支出。

（五）会议成本的控制

（1）会议成本的含义：是指与会人员及服务人员花费在会议期间的时间量价值，相当于工作量价值及其经费开支的总和,即时间成本、效率损失成本和直接会议成本。

(2) 会议成本的类型：直接会议成本和时间成本。

(3) 会议成本的计算内容：会议成本＝会议工时成本＋效益损失成本＋会议直接成本。

(4) 会议成本增加的原因：会议时间安排不当。

(5) 控制会议成本的方法与途径：正确确定会议类型,控制会议主持人的行为,控制与会人员人数,监督会议经费使用情况。

(6) 会议经费使用的监督方法：报告与会议法,授权与自我控制法,质量法,损益平衡表法,比率分析法,逐项审查法。

(六) 会议经费使用的注意事项

做好会议经费使用中各种票据的管理工作；会议经费预算的制定是控制会议成本、提高会议效率、节省时间和资金的重要手段；费用的名称要具体规范；购买会议用品要充分考虑各种用品、耗材的价格比,力求价廉物美；遵守公司零用现金、消费价格和用品报销的各种财务制度和规定；有些会议用品或纪念品要在预算后附上详细的物品报价表。

四、技能训练

(一) 基本训练

(1) 简述会议经费的使用程序。

(2) 简述如何控制会议成本。

(二) 案例分析

根据导引案例"××公司新产品发布会经费预算",谈谈会议经费在使用中的注意事项。

(三) 能力拓展训练

北京每年都会举办大型图书订货会,下面给出2006年北京图书订货会的实施方案(摘要),请你根据该方案提供的信息,拟订一份旨在提高会议质量的计划。

资料：

经新闻出版总署批准,中国出版工作者协会、中国书刊发行业协会定于2006年12月7日至11日,联合主办2006北京图书订货会。订货会地点：中国国际展览中心一号馆、六号馆、七号馆、八号馆。四号、五号馆作机动。预计展厅面积30 000平方米左右,可设置3 m×3 m的标准展位1 500～2 000个。订货会时间：1月7日至11日。1月5日至7日布展,7日下午预展；8日至11日看样订货、业务研讨；11日下午3：30撤展；12日中午12：00前离会。大会统一于1月7日接待报到。

五、任务成果展示

请描述一次你亲自参加的会议,根据你所看到的现象,分析该次会议的成败。

第五节　会务管理工作

导引案例

会议进程被影响

××石化股份有限公司董事会召开会议，讨论从国外引进化工生产设备的问题。秘书高宇负责为与会董事准备会议所需文件资料。由于有多家国外公司竞标，所以材料很多。高宇由于时间仓促就为每位董事准备了一个文件夹，将所有材料放入文件夹。有三位董事在会前回复说将有事不能参加会议，于是高宇就未准备他们的资料。不想，正式开会时其中的两位又赶了回来，结果会上有的董事因没有资料可看而无法发表意见，有的董事面对一大摞资料不知如何找到想看的内容，从而影响了会议的进程。

一、任务描述

会务管理工作是围绕会议的内容、形式进行的，包括会议目的、主题、时间、参会人员（类型、人数）、地点、会议日程、议程、人员分工、各项工作负责人、各项活动的推进时间等组织落实工作。

二、任务分析

（一）任务目标

理解会务含义，掌握大型会议不同会议阶段的会务工作。

（二）任务分析思路

会务工作琐碎，学习中应按照会前、会中、会后三个阶段的内容梳理相关知识。

三、相关知识

（一）会务管理

（1）会务的含义：指有关会议议程安排的事务，有关某些团体组织或会议的事务。会务工作包括秘书工作和行政事务工作两部分，重要会议还包括安全保卫工作等。

（2）会务管理的含义：指有关会议议程安排事务的计划、组织、控制等工作。

（3）常见的会务管理：主要有针对代表会议、全局性会议、专题会议、办公会议、座谈会议、学术讨论会议、新闻发布会议、听证会议、仪式典礼会议、培训会议、网络会议等会议的会务管理。

（二）大型会议不同会议阶段的会务工作

1. 会前准备：大型会议综合准备会务工作

确定会议主题与议题→确定会议名称→确定会议规模与规格→确定会议议程与日程→确定会议时间与会期→确定与会者名单→确定会议地点→确定会议主持人→明确会议组织机构→明确会议所需设备和工具（必需的、可临时借用的）→明确会议用品（文具、茶水、毛巾、激光笔、胸卡等）→选择会议地点→制发会议文件（会议通知、邮件、传真、邀请信、新闻稿、幻灯片制作等）→安排宣传（网络、在线直播、会刊、会后简报、前期广告）→安排食宿（饭店、旅店、餐饮的饭票）→安排交通（用车车辆、残疾人设备）→制作会议证件→制定会议经费预算方案（费用支付与可报销使用的细节）→布置会场（座位、名签、鲜花、旗帜、宣传背板、主席台、音响、照明、通信设备、摄影座次、录音、录像、通风、安全监控系统、进退相关路线、充气拱门、悬挂气球与条幅）→会场检查→其他（奖品、领奖顺序、投票箱、参观线路设计、纪念册、文化衫；娱乐活动——健身、旅游、文体活动；特殊节日安排、剪彩仪式）。

2. 会中进程服务：大型会议综合推进的会务工作

接站工作→报到及接待工作→组织签到→做好会议记录→做好会议值班保卫工作→做好会议信息搜集、传递工作→做好对外宣传→编写会议简报或快报→做好会议保密工作→做好后勤保障工作。

3. 会后总结评估：大型会议综合收尾的会务工作

安排与会人员离会→整理会场→归还会场用品→撰写会议纪要→撰写会议的宣传报道→会议文书的立卷归档→催办与反馈工作→会议经费结算→会议总结与评估。

（三）会务的文书工作

1. 制定会议策划方案

会议策划的制定程序→会议策划立项→明确6个"W"，即Who，谁是会议参加人员；What，会议类型（决策、管理、研讨、总结）；When，会议时间；Where，会议地点；Why，为什么开这次会、会议的必要性；How，怎样处理具体的会务工作→立项后的可行性研究→策划方案的论证→会议策划方案的拟定。

知识链接1：会议策划方案的制定原则包括：严定时限，事项明确，会议必要。

知识链接2：会议筹划方案的构成要素包括：主题与议题，名称，议程，时间和日期，所需设备和工具，与会代表的组成，文件的范围，做好文件的印制和发放，经费计算，住宿和餐饮安排，筹备机构与人员分工。

2. 制作会议证件

（1）会议证件的作用：证明身份；保证会议安全，控制人员出入；统计到会人数；维持会议的程序。

（2）会议证件的类型：代表证，列席证，工作证，记者证，来宾证。

（3）制作会议证件的程序：设计内容→设计颜色→控制印制数量→发放中的特殊要求

（照片）→盖章确认。

小提示：召开重要的大中型会议应视需要制发会议证件和姓名卡片，通常小型会议不必制发会议证件。

（4）制作会议证件的注意事项：
①重要的大中型会议，会议证件和姓名卡片要正规。内容设计上要有会议的名称、与会者姓名、称呼（先生、女士、小姐等）、身份（职务、职称等）、组织或公司的名称。
②重要的、具有保密性质的会议要在会议证件上贴上本人的相片，并加盖大会印章。
③会议证件的形式应反映出会议的内容，设计要尽量经济实用、美观大方。
④大型会议应区分正式代表、列席代表、新闻媒体、工作人员、服务人员等不同身份参加者的会议证件的样式。可将他们的会议证件设计为红、蓝、白、黄4种不同的颜色。也可以将会议证件设计为正式代表采用系带式的证件，其他人员采用夹子式的证件来区分不同的身份。
⑤应在会议的接待区向与会人员发放会议证件，并在主席台等必要的地方放置台签式姓名卡片。
⑥应注意根据单位不同的文化理念设计会议证件和姓名卡片。

3. 制作会议指示标志
（1）会议指示标志的类型：标志牌（或指示牌），区域图（或路线图），名签与台签。

小提示：会议指示标志是指在会议的准备和召开过程中，为了使与会者更容易找到座位，并了解会场周围的环境，使会议的组织更加有条理，在会场和相关服务区域摆放的某些标志物，如各种指示牌，接待处和签到处的标志，贵宾室、饮水处、洗手间的标志等。

（2）制作会议指示标志的方法：
①由会议主办者内部简易制作。一些不太重要的会议的指示标志可以由内部用计算机制作或手工制作。
②由专业性的会议承办机构制作。一些重要会议的指示标志需要制作得规范、正式，要用专业性的设计和制作，因此，需要请专门性的公司来完成此项工作。

4. 准备会议资料
来宾资料，会务资料，沟通资料，设计与使用资料，起草工作报告、决议草案、领导发言稿等。

5. 制发会议通知
（1）会议通知是会议组织与服务工作的重要环节，是会议这一系统组织正常运转的前提和保障；制发会议通知要求规范、严谨、全面、细致，一旦出现差错，就会造成严重后果。

通知发出后，一定要确认参会人员有没有接到通知，参不参加会议。对那些兼任多个职务的特殊人员，一定要核实到人，是不是本人参加，以便正确摆放席卡。

（2）制发会议通知的注意事项：在制发常规性会议通知套用以前的版本时，要特别注意修改会议召开的时间、地点、注意事项等关键要素，否则就可能出问题。例如，某文套用往年制发的会议通知，忘了改年份，本来是2006年4月4日召开会议，文件上却写成了2005年4月4日。

6. 会议通知的发放

（1）发送形式：可分为正式通知和非正式通知两种。

①正式通知。除了非正式会议和例会之外的所有会议，均应正式打印会议通知，再通过书面形式或电子邮件形式发送给有关人员，以示郑重。

②非正式通知。常用于非常重要的会议，需要与会人员尽早安排时间，如企业的股东会、董事会等；需要与会人员会前做大量准备工作，如代表会议、论证会等；暂时没定会议时间、地点，但会议内容需尽早告知与会人员。会议召开前仍需发正式通知，可先发非正式通知或邀请性预备通知，得到与会人员的参会确认后，再寄送正式通知或邀请函。

（2）发放会议通知的注意事项：

①一般会议只发送一次正式通知，有些会议需要先发送非正式会议通知，如预备会议通知。

②发送通知时要做好登记，以备日后查询。

③发送通知时要反复核对人名单及发送地址，避免漏发和错发。

④发送邀请函（信）和请柬的方法和发送会议通知的方法基本相同，但注意重要领导和贵宾需要由相应级别的人员当面送达。

⑤不管以什么方式发送会议通知，都要抓住确认环节，以确保会议信息能够按时、完整地传达给与会人员。

⑥可将会议使用中的一些票证（入场券、代表证、汽车通行证、座次号、编组名单、就餐证、乘车证等）与会议通知一并发出。

⑦如与会人员对会议地址不熟悉，应附加一份地图，标明到达会址的交通线路。

7. 制定会议应急预案

会议应急预案是指会议期间发生的紧急情况或意外事件，这些情况是不可预见的或紧急发生的，并带来一定危害的，必须采取应对措施予以解决。因此，应在会议开始前制定出应急方案，做到防患于未然，以便意外出现时能够有条不紊地解决问题。

（1）会议应急预案的作用：对会议可能出现的意外早做准备，未雨绸缪；有效地缓解危机，控制事态发展，提高会议的管理效率；使会议组织者在会议出现意外时能够妥善应对，统一步调。

（2）会议应急预案的特点：

①有的放矢。要尽量设想出更多的在会议中可能出现的意外情况，制定出应对方法。

②预防为主。应急预案不仅是制定出应对意外事件出现的方法，也是预防意外事件发生的措施，强调防患于未然。

③留有余地。应对意外事件的预案要多套并行，在人、财、物各方面做出详尽的安排。

（3）制定会议应急预案的原则：

①思想重视。会议组织者不要把制定应急预案看作可有可无的事情，要克服麻痹思想和侥幸心理，把预防措施落到实处。

②明确责任。在应急预案中要明确一旦发生意外事件由哪一个部门、小组或具体人员负责。

③物质保障。会议意外事件的预防和应对要有物质保障，要明确保障措施，确保措施到位。

（4）会议应急预案的内容：

第一部分内容包括，会议中可能出现的意外事件。

①人员问题。会议的发言人、演讲人、主要领导、重要嘉宾不能到会；预先登记的与会人员不能按时到会。

②场地问题。原租用的会议室或会场与实际人数不相匹配，会议室或会场过大或过小；如果是住会的会议，原预订的房间与实际人数不相匹配，预订房间过量或不足。

③设备问题。会议室或会场的需用设备不足或出现故障，在会议组织过程中办公设备不足等。

④资料问题。准备的宣传资料不足，会议文件、材料不足等。

⑤与会人员的健康与安全问题。会议中出现意外事故，如火灾、食物中毒、交通事故、传染疾病等。

⑥与会人员的情绪问题。与会人员对会议安排不满意，对程序设置不满意，对演讲人、发言人的演讲或发言不满意，对会议的议程或日程的安排不满意等。

⑦与会人员的返程问题。为与会人员预订返程车票（机票）时，车票（机票）的时间或车次（航班）同与会人员的要求不符。

⑧与会人员的行为问题。发言人在发言过程中的语言、行为不当，与会人员的语言、行为不当。

第二部分内容包括，明确意外事件出现时工作人员的责任。

在会议应急预案中，对各种意外事件出现时工作人员的责任做明确的分工，具体责任落实到人。

第三部分内容包括，处理会议中意外事件的方法。

根据所预测的可能出现的意外事件，准备应对的备选方案，包括采取哪些措施、用什么办法缓解问题和解决问题。

①处理人员问题。根据会议的内容和类型事先准备好备用的发言人选。如发言人因车（飞机）迟到，可调整发言人的发言次序。实际到会的与会人员少于原报名的与会人员时，

可临时调整会场、食宿等安排，尽量不要打乱原定的会议议程。

②处理场地问题。根据现场情况，灵活处理。

③处理设备问题。根据现场情况，灵活处理。

④处理资料问题。要将所有的会议文件或资料的原件或移动存储器随身携带。

⑤处理与会人员的健康与安全问题。要加强会前安全检查，必要时可进行如火灾等突发事件的演习，如果发生突发事件，工作人员要按照分工各负其责。大中型会议可安排医护人员值班，或掌握一些附近医疗机构的情况，以便应急。

⑥处理与会人员的情绪问题。广泛征求与会人员的意见，对合理的要求和建议应给予采纳。同时，在不影响会议整个过程的情况下对议程、日程可做适当的调整。要注意做好与会人员的思想工作和解释工作。

⑦处理与会人员的返程问题。一定要提前预订与会人员的返程车票（机票），对时间、车次（航班）的变化要及时同与会人员协商，对因交通问题暂时不能离会的人员要安排好食宿，确定准确的返程时间。

⑧处理与会人员的行为问题。会前对发言人的发言稿做好审核工作，了解发言人的思想动态，做好发言前的沟通工作。

（四）会务工作

1. 会务工作的内容

会务工作的内容包括：提出会议建议方案，制发会议通知，会议筹备（成立大会秘书处，会议文件材料准备，会议材料印刷，设计、印制出席代表证照，会场布置，后勤、安全保障），编制文件材料，编印会议纪要，印发文件或讨论材料，起草重要文件，会议安全保卫，后勤服务保障工作，其他服务工作（会议结束的工作如退房，整理物品，结账，回收问卷），清退会议材料，会议总结与评估会后的总结和决算，会议文件印发，会议议定事项督办。

2. 会议效果的评估

一是对主持人评估，二是对会议评估，三是对工作人员评估。

3. 对会务工作人员的要求

会前的最后检查（工作认真负责、细心、耐心）；组织签到和登记（任劳任怨，能连续作战）；做好联络协调（沟通协调能力强）；会议记录与保密（业务素质强，有原则）；会议后勤保障（服从分配，具有协作意识）。

4. 大型会议筹备组织机构

会务组，秘书组，组织组，接待组，宣传报道组，财务组，安全保卫组。

5. 会议安全保密工作

在会前先要对会场进行安全检查，甚至要使用相关技术手段进行检查，以消除安全隐患；撰写《会议须知》，提出与会人员共同遵守的纪律要求；重要会议应凭会议证件或座票入场，并指定专人维持会场秩序，要制止闲杂人员进入会场；对会场、会议代表住处、参观地和饮食场所，均要切实做好安全防范工作，确保与会人员安全；会期较长的会议还应安排信访部门值班接待信访人员；会前应制定安全工作应急预案，一旦发生紧急突发事件，可快速反应、控制局面。

6. 注意事项

在整个会议进程中，相关部门人员的工作可能在时间上会与其日常工作相冲突，赢得各个部门的理解和支持很重要；会前应检查工作人员分工是否明确，岗位职责是否熟知，是否能互相配合；大型会议要对与会人员的食宿、用车、医疗保健、文化娱乐、安全保卫等做出细致安排。

四、技能训练

（一）基本训练

（1）简述会务工作的要求。

（2）简述大型会议不同会议阶段的会务工作。

（二）案例分析

结合导引案例"会议进程被影响"，谈谈会务工作的重要性。

建议：从办公室的功能角度进行讨论。

（三）能力拓展训练

资料：

××公司将举行销售团队会议，研究销售工作下一季度的目标以及人员招聘、选拔等问题。秘书丁倩在编制议程表前，先请总经理、销售总监等有关领导提出意见，再询问各领导方面有无要在会上进行讨论的事情，并提请主管领导定夺，然后将要讨论的问题排出顺序。在设计具体的议程表时，丁倩将需要在会上讨论的议题编排了一下，便打印交给领导审核（如表8-1所示），领导认为这份议程表有问题，需重新做。

表8-1 ××公司销售团队会议议程表

公司销售团队会议将在5月5日星期一上午10：00在公司总部的三号会议室举行

一、销售二部经理的人选

二、东部地区销售活动的总结

三、上次会议记录

四、销售一部关于内容沟通问题的发言

五、下季度销售目标

六、公司销售人员的招聘和重组

讨论：

（1）请你帮丁倩找出这份议程表的问题。

（2）重新设计这次会议的议程表。

五、任务成果展示

资料：

方秘书惹来的麻烦

一个大型会议的晚会内容怎么定，方秘书先请示了分管办会的黄副主任，定为"举办电影晚会"。黄副主任没有说要再往上请示，而方秘书自认为再请示一把手贾主任也许会更好办事。在请示贾主任时，方秘书又没有把黄副主任所定的意见告诉贾主任，贾主任批复定为"观看戏剧演出"。这样，一个晚会出现两种不同安排的领导意见，该怎么办？方秘书左右为难。经几个办会秘书研究，最后定为按贾主任的意见执行。由方秘书向黄副主任作自我批评，说明拟按贾主任的意见办，请黄副主任谅解。当时，黄副主任对方秘书的多头请示很不高兴，但还是同意了按贾主任的意见执行。

问题讨论：请你谈谈方秘书在工作中的不足之处在哪里。

第六节　会议的信息工作

导引案例

一次策划

××公司的李总说："小王，公司打算召开一次客户恳谈会，主要对象是本省范围内的一些老客户和一些新增的优质客户。这是公司一次重要的决策和公关投入。经过董事会讨论，公司准备拿出10万元左右的经费来开这个会。时间为三天左右，地点不要远，就在本省内选一个与我们长期合作的旅游景点就行。你接下来就具体策划这件事，争取在半个月后把会议邀请函发出去。"

会议信息是企业会议活动的客观反映，会议信息搜集是会议信息利用的基础。办公室工作人员要对会议文件进行及时搜集，回收不宜扩散和保密的文件，防止泄密，为会议信息的归档做准备。

一、任务描述

信息搜集是信息工作的基础。会议信息的搜集过程实际上是深入会议活动，了解会议情况，掌握会议信息的过程。齐全、及时、准确、有效是会议信息搜集的基本要求。

二、任务分析

（一）任务目标

掌握会议信息的分类、搜集会议信息的要求。

（二）任务分析思路

完善、翔实的会议信息是会议成功召开的前提。

三、相关知识

（一）会议信息的作用

利用信息保障会议的顺利进行。

（二）会议信息的分类

（1）按照会议信息的作用划分：与会者的基本情况信息，与会者的背景信息，与会者的抵离信息，会议指导性、宣传性信息，会议议题性信息，会议主题内容信息，会议记录性、结果性文件信息，会议程序性文件信息，会议交流性文件信息，会议参考性信息，会议管理性信息。

（2）按照会议信息的保密性划分：保密性会议信息，内部性会议信息，公开性会议信息。

（3）按照会议信息的传递方式划分：会议讲话信息，会议书面信息，会议声像信息。

（三）搜集会议信息的要求

齐全、及时、准确、有效。

（四）提供会议信息服务

办公室工作人员通过各种有效的方式和方法，将搜集、处理、存储的会议信息资源提供给参会各方，以满足其信息需求，发挥信息的效用，促进办会效率的提高。会议活动的始终都会形成和利用信息，要围绕会议的中心任务，充分开发利用信息，主动服务，提高会务工作水平。

（五）搜集会议信息的程序

确定会议信息的搜集范围→选择会议信息的搜集渠道→确定会议信息的搜集方法。

四、技能训练

（一）基本训练

（1）简述搜集会议信息的要求。

（2）简述会议信息的分类。

（二）案例分析

根据导引案例"一次策划"，你认为小王应该做哪些工作？应该先做什么呢？

（三）能力拓展训练

根据导引案例"一次策划"，请你拟写一份会议筹备方案。

五、任务成果展示

××工程有限公司总经理秘书沈×请前台秘书李×协助，向公司的各部门主管发送此次重要的临时会议通知。通知的内容如下：

资料：

会议通知

致各部门经理：

定于12月16日（星期三）下午1:30在公司会议室召开会议，讨论公司人员编制和工作绩效评估问题。此次会议内容重要，请有关人员务必准时出席。您能否参加，请于12月14日（星期一）之前打电话告知秘书陈×。电话：××××××××。

李×没有向各主管发送通知，她想反正是内部会议，只要在公司布告栏上贴一张通知就可以了，可是她忽视了一个问题：此次会议是临时召开的重要会议，并非公司例会。有些主管因为一直在工程现场，未能及时看到通知，这就造成了三位主管未能准时到会，待发现时，已是星期三的中午，李×只得匆忙用电话通知三位主管迅速赶到开会地点。其中，销售经理王×接到电话后不满地说："这么重要的会，为什么不早点儿通知？我下午约客户，会议只能让我的助手去开了。"李×急忙说："那可不行，总经理特别指示，有关人员务必准时出席。"王×说："可是我已经通知了客户，改期已来不及了，你说怎么办？"李×张了张嘴，什么也说不出来。

请结合上述资料，从提供会议信息服务的角度，谈谈李×工作出现失误的原因，她应该在哪方面加强学习？

本章小结

会议服务与管理实务是从会议概述、会议的类型与特点、会议管理制度的制定、会议的预算与成本控制、会务管理工作、会议的信息工作六个方面进行阐述的。会议的要素和大型会议不同会议阶段的会务工作内容，是办公室工作人员必须掌握的基本常识。

第八章

办公室公共关系

教学目的与要求

- 了解：公共关系的概念
- 理解：组织舆情管理
- 掌握：公共关系沟通的方法与技巧，办公室用语与用语禁忌

第一节　办公室公共关系工作

导引案例

先搞清这些问题

有一家宾馆新设了一个公共关系部，开办伊始，该部就配备了豪华的办公室，漂亮迷人的公关小姐，现代化的通信设备……但开办不久便出现了"门庭冷落"的情况，而该部部长却发现无事可做。后来，这个部长请来了一位公共关系顾问，向他请教"怎么办"，于是这位顾问一连问了以下几个问题：

"本地共有多少宾馆？总铺位有多少？"

"旅游旺季时，本地的外国游客每月有多少？港澳游客有多少？国内的外地游客有多少？"

"贵宾馆的'知名度'如何？在过去三年中，花在宣传上的经费共多少？"

"贵宾馆最大的竞争对手是谁？贵宾馆潜在的竞争对手将是谁？"

"去年一年中因服务不周引起房客不满的事件有多少起，服务不周的症结何在？"

对这样一些极其普通而又极为重要的问题，这位公共关系部部长竟张口结舌，无以对答。于是，那位被请来的公共关系顾问这样说道："先搞清这些问题，然后开始你们的公共关系工作。"

机关、企事业单位的形象离不开公众的评价。机关、企事业单位要构建与公众的良好关系，就要深入调查了解公众的评价取向，并据此有针对性地适时开展公共关系工作，以获得公众支持，事业的发展才有后劲。

一、任务描述

公共关系是一种大众关系；公共关系是一种传播活动；公共关系是双向的信息交流活动；公共关系是一种管理职能；公共关系是一种科学和艺术；公共关系是一种行为或活动；公共关系是一种工作和职业；公共关系是一种技术；公共关系是一系列政策；公共关系是一种人际关系。

二、任务分析

（一）任务目标
理解公共关系的特点，掌握公共关系的原则。

（二）任务分析思路
公共关系是有目的的自觉活动。

三、相关知识

（一）公共关系的含义
公共关系，中文简称"公关"，是英语"public relations"的中文译称，英语简称"PR"。它有两种译法，一是"公开的、公共的关系"，二是"公众的关系"。因此，也有些专家学者，尤其是部分海外学者，也将"public relations"译作"公众关系"。

公共关系学作为一门现代管理科学，源自美国，已有一百多年的发展历史。公共关系的概念几经演变，参照国内外公共关系专家的各种定义，公共关系的含义可表述为：公共关系是社会组织为塑造组织形象，运用传播手段，与公众进行双向交流沟通，以达到相互了解、信任和支持合作的管理活动。

（二）公共关系工作的类型
公共关系工作分为：宣传型公共关系工作，交际型公共关系工作，服务型公共关系工作，社会型公共关系工作，征询型公共关系工作，建设型公共关系工作，矫正型公共关系工作。

（三）公共关系的特点
公共关系的特点是：以公众为对象，以美誉为目的，以互惠为原则，以长远为方针，以真诚为信条，以沟通为手段。

知识链接：公共关系的三大构成要素包括：社会组织——主体；公众——客体；传播——手段。

（四）公共关系的原则
公众利益至上，实事求是，互惠互利，双向沟通，始终如一，开拓创新，整体统一。

（五）公共关系的职能
宣传引导，传播推广；搜集信息，检测环境；咨询建议，形象管理；沟通交际，协调关系；解决矛盾，处理危机。因此，公共关系是一门内求团结、外求发展的"人和学"。

（六）公共关系主体的宗旨

通过提供产品和服务来满足社会的需求，在优先维护社会和公众利益的基础上实现自己的发展目标。

（七）公共关系工作的程序

公共关系工作按照"公共关系调查→公共关系策划→公共关系实施→公共关系效果评估"的循环程序来进行，逐步积累成果，实现预期公共关系目标。

（八）办公室与公共关系的殊联

公共关系的主体一般被界定为社会组织。实际上，办公室作为社会组织内部的基本单位同样也有公共关系问题。办公室工作人员工作作风的优劣、工作效率的高低，直接影响到整个社会组织事业的兴衰成败，其正常运行对整个社会组织系统的运行起着举足轻重的作用。办公室工作体现了社会组织的形象，公共关系是办公室的一项重要职能。多年来，关于办公室的公共关系问题逐渐受到人们的重视并日益得到发展。所谓办公室公共关系，顾名思义，就是以办公室为主体开展的公共关系活动。

（九）办公室如何构建公共关系工作的环境

树立办公室工作人员的公共关系意识，培养办公室工作人员的公共关系素养，塑造办公室的良好形象，注意办公室的双向信息交流，明确办公室的工作职能，建立竞争机制。

办公室正是处于这种立体交叉网络中的中枢协调机构。只有把握办公室的定位，明确办公室的职能，才能充分发挥其作用，体现整体社会效益原则，这也正是办公室公共关系工作中的一个重要原则。

（十）办公室开展公共关系工作的途径

政策法令公开；财政公开；重大事务公开；工作职责公开；新闻媒体宣传；印发文件和各种宣传材料；会议宣传发布；推进机关、企事业单位网络建设工作，建立机关、企事业单位的网站、网页，及时公布有关信息；公示；网络交流（电子信箱、网上论坛、博客、QQ）；走访交流；等等。

（十一）办公室工作人员在公关活动中应做的工作

组织专题公关活动，采集信息，做好组织内部的引导协调工作，做好组织外部的协调工作。

（十二）重视危机公关

各级部门在危机状态下，需做好危机沟通，积极调解冲突，利用传统媒体和网络媒体，争取转危为机，渡过难关。

四、技能训练

（一）基本训练

（1）简述公共关系的特点。

（2）简述公共关系的原则。

（二）案例分析

根据导引案例"先搞清这些问题"，谈谈公共关系调查的意义是什么？

（三）能力拓展训练

再阅读一遍导引案例，谈谈你是如何理解"先搞清这些问题，然后开始你们的公共关系工作"这句话的？公共关系调查对组织有何意义和作用？

五、任务成果展示

资料：

星巴克咖啡店的启示

星巴克咖啡店由三个大学生创建于 1971 年。在美国加州的伯克利，这三个年轻人遇到了一个叫阿弗莱特·皮特的荷兰人，皮特经营的一家咖啡店在当地颇有名气。这三个年轻人后来移居西雅图，并在派克市场开设了一家咖啡店。原料为皮特使用的高品质的新鲜咖啡豆。他们将该咖啡店命名为"星巴克"。

1982 年，霍华德·舒尔兹加入星巴克，并担任市场和零售方面的主管。1983 年，当他在意大利访问时被那里大量的咖啡店吸引住了。意大利人在咖啡店开始新的一天，晚上还聚在那里闲聊。舒尔兹说："看到这种情景，我就认定我们也应这样做。"舒尔兹的这一决定开始改变星巴克。

1987 年，舒尔兹从三个创始人手中购买了星巴克。在预算十分紧张的情况下，公司开始利用路牌和交通工具做广告，广告标题是"熟悉孕育着轻蔑"。公司试图以此来鼓励消费者品尝新产品。

舒尔兹将销售对象重点放在收入和教育水平高于社会平均水平、年龄在 35～45 岁的中年人身上。其中，女性较男性又更多地受到重视。一位管理人员描述当时的基本战略："我们试图吸引高层次的消费者，并努力争取这一市场。"

良好的口碑，始终如一的产品质量，有限但有效的广告宣传，向饭店提供酿造设备和咖啡豆的决定，最终带来了公司在西雅图的成功。通过以邮购的方式销售咖啡豆和在《纽约人》等杂志上广泛宣传，星巴克开始具有全国性影响力。

很快，华盛顿的大街小巷布满了星巴克咖啡店（这些咖啡店既销售店内饮用咖啡，又销售咖啡豆和外卖咖啡）。接下来，丹佛、芝加哥相继有了星巴克分店。到 1999 年年末，在美国之外共有 2 500 家星巴克咖啡店。而在美国，星巴克则以几乎一天新开一家店的速度迅速拓展。

讨论：

(1) 星巴克是如何吸引消费者的？

(2) 到星巴克去的消费者有何特征？

第二节　公共关系沟通

导引案例

35次紧急电话

一次，一位名叫基泰丝的美国记者，来到日本东京的"奥达克余"百货公司。她买了一台"索尼"牌唱机，准备作为见面礼，送给住在东京的婆家。售货员彬彬有礼，特地为她挑了一台未启封包装的机子。

回到住所，基泰丝开机试用时，却发现该机没有装内件，因而根本无法使用。她不由得火冒三丈，准备第二天一早就去"奥达克余"交涉，并迅速写好了一篇新闻稿，题目是《笑脸背后的真面目》。

第二天一早，基泰丝在动身之前，忽然收到"奥达克余"打来的道歉电话。50分钟以后，一辆汽车赶到她的住处。从车上跳下"奥达克余"的副经理和提着大皮箱的职员。两人一进客厅便俯首鞠躬，表示特来请罪。除了送来一台新的合格的唱机外，又加送蛋糕一盒、毛巾一套和著名唱片一张。接着，副经理又打开记事簿，宣读了一份备忘录。上面记载着公司通宵达旦地纠正这一失误的全部经过。

原来，昨天下午4：30清点商品时，售货员发现错将一个空心货样卖给了顾客。她立即报告公司警卫迅速寻找，但为时已晚。此事非同小可。经理接到报告后，马上召集有关人员商议。当时只有两条线索可循，即顾客的名字和她留下的一张"美国快递公司"的名片。据此，"奥达克余"百货公司连夜开始了一连串无异于大海捞针的行动：打了32次紧急电话，向东京各大宾馆查询，没有结果。再打电话问纽约"美国快递公司"总部，深夜接到回电，得知顾客在美国父母的电话号码。接着又打电话去美国，得知顾客在东京婆家的电话号码，终于弄清了这位顾客在东京期间的住址和电话。这期间他们所拨打的紧急电话，合计35次！

这一切使基泰丝深受感动。她立即重写了新闻稿，题目叫作《35次紧急电话》。

办公室公共关系沟通侧重点在于对外沟通，通过良好、及时和有效的对外沟通营造组织发展的良好公共关系环境。

一、任务描述

掌握办公室协调沟通方法，处理好各种对外关系。

二、任务分析

（一）任务目标

理解沟通的目的与过程，掌握办公室沟通的类型。

（二）任务分析思路

完善的沟通，应使发送者发出的信息与接收者感知到的信息完全一致。

三、相关知识

（一）沟通的含义及功能

沟通是指人与人之间传达思想或交换情报的信息交流过程，是意义的传递与理解，也是信息凭借一定的符号载体，在个人、团队或群体间从发送者到接受者进行传递，并获取理解的过程。

（二）沟通的目的与过程

（1）沟通的目的在于获取信息，传播信息，影响对方的态度和观念，获得对方的理解、支持和拥护。

（2）沟通的过程：是指信息发送者将自己的思想进行编码，然后通过由媒介物（符号）构成的信息传递通道进行传递，将接受者传递来的信息进行解码，再反馈给信息发送者予以矫正。

（三）办公室公共关系沟通

1. 组织公共关系沟通的对象

对企业而言，组织公共关系沟通的对象主要包括顾客、股东、上下游组织、社区、新闻媒体、政府等。

2. 如何接近组织外部公众

要靠组织形象、组织的自我推销、多种形式的社会协作等方式接近组织外部公众。

3. 与组织外部公众沟通的方式

（1）与顾客沟通的方式：提供优质的产品和服务、直接接触沟通、给顾客打电话、充分利用信函、顾客调查、广告、处理公共关系、CI（corporate identity）策划等。

（2）与股东沟通的方式：撰写书信、撰写年度报告、召开年度股东大会、邮寄新产品样品、举办宴会、个人拜访、打电话等。

（3）与上下游组织沟通的方式：建立电子通信网络、互派人员、参与彼此重大决策、给对方人员提供培训机会、增加信息交流、商务谈判等。

（4）与社区沟通的方式：召开开放式的讨论会、利用特殊事件、扩大内部出版物的发行范围、组织志愿者活动、广告、举办赞助慈善活动、利用新闻媒介。

（5）与新闻媒体沟通的方式：提供新闻信息、发布新闻、举办记者招待会、制造新闻、邀请参观访问、赞助节目等。新闻媒体是所有组织和其他组织都必须面对的，它是组织的外部环境的重要因素，办公室工作人员必须了解各类媒体及其不同特点，除了善于应对各类媒体以外，更要建立良好的媒体关系管理机制，变被动为主动，完善媒体联系制度，为组织营造良好的舆论环境。

（6）与政府沟通的方式：争取各级人民代表了解组织的作用、贡献、想法和要求；通过媒体和相关网络向社会介绍组织，由此增进政府和人民代表的了解，借助舆论影响有关决策；同党政领导、知名人士、专家学者等保持紧密联系，通过他们的影响争取政府支持；在政府实施某项社会经济计划时根据自身条件，主动向政府伸出援手，协助解决问题。

总之，沟通是一种专业，是一种心态，也是一种行销。沟通最有效的方法：只有站在别人的立场上看问题，才能够获得与别人合作的机会。

四、技能训练

（一）基本训练

（1）简述沟通的目的与过程。

（2）简述办公室与组织外部公众沟通的方式。

（二）案例分析

根据导引案例"35次紧急电话"，请思考：

（1）试为"奥达克余"百货公司的副经理拟订一份与顾客基泰丝见面的工作计划。

（2）通过这个案例，你得到了什么启发？

（三）能力拓展训练

怎么办？

刘先生担任厂长已经5年时间了，工作一直很顺利，企业效益也很好。可天有不测风云，前几天，有消费者投诉，说他们生产的产品质量存在严重问题。这个消息已经见报了。他对此非常重视。如果处理不好，会严重地影响产品销路。所以，他马上打电话给企业公共关系部的小王，要求找客户资料、质量检测证明等，期望通过一系列的努力处理好这件事。小王很快为他找到了所需要的资料。但小王犯愁了，因为刘厂长正在外地。

你认为，小王应使用哪些办法让刘厂长尽快得到所需要的资料呢？

五、任务成果展示

资料：

丢失顾客

一位母亲在报纸上看到"×教授表示初生婴儿不宜喂食蜂蜜"的报道，联想起她天天给宝宝吃的×品牌的米粉恰好是含有蜂蜜的，于是她非常担心地打电话到该公司咨询。接电话的人带着"你真没知识，连这都不懂"的态度答复她，似乎认为她所问的问题非常愚蠢。对方不但指责×教授信口胡说，最后还用相当自满的口气说："我们的东西一定没问题。"这位年轻母亲不但大失所望（没有解开她的疑惑），而且受了一肚子气（对方的态度与口气不友善），使她对该品牌信心大失，不但立即更换品牌，还逢人就数落该品牌不好。

某啤酒厂发生了一起啤酒瓶爆炸事件,事后好几位消费者和经销商打电话到该厂询问真相,却发现电话分别由不同的人接听,回答的答案也莫衷一是,令人无所适从,未能有效解除他们心中的疑虑与不安。对方只是站在厂商的立场上,辩称所有产品都经过了严格的生产程序(非事实性陈述)、消费者协会的处置有失公允(与消费者信服的团体对抗),以及同业者恶意中伤(与消费者自身并不相关)。这些消费者和经销商在得不到满意的答复后纷纷更换品牌,一来求心安,二来表达对该厂的不满。

根据上述两则案例,讨论:
(1) 以上两例消费者态度变化的直接原因是什么?给企业造成的损失是什么?
(2) 你认为上述情况应如何妥善处理?

第三节　办公室公共关系危机

导引案例

连本带息无理由退房

潘石屹的"现代城危机事件"处理,是一个经典的化危转机的范例,至今仍为房地产界同行所津津乐道。

几年前,许多客户入住北京知名房地产楼盘现代城后,发现屋子里有一股尿的味道,开发商经过仔细调查,发现是由于在冬季施工的时候水泥里放了一种添加剂,它在夏天的时候会释放出氨气,从而使整个房间几乎成了厕所。这对于想要良好空气环境的消费者来说是无法容忍的,很快100多家业主集体要求开发商给予他们一个妥善的解决方案。北京青年报等媒体迅速曝光此事,"现代城危机事件"被逐渐放大。

事件发生后,现代城开发商SOHO中国公司的总裁潘石屹立即举行新闻说明会,主动向媒体和公众解释原因。在此基础上,潘石屹提出愿接受消费者无理由退房:任何一个买了现代城房子的客户,如果想退房,开发商将连本带息再加上10%的回报全部退给客户。同时,他又向业主们写了一封信诚恳道歉,在几家主要媒体上刊登。潘石屹的"连本带息无理由退房"的做法在社会上引起了很大的轰动,一场原本重大的销售危机就这样转变成了机会。

潘石屹对危机事件的反应之快,姿态之高,赢得了舆论的好感,最终平息了众怒。经此一事,现代城的名声大噪,一拨又一拨的客户涌向现代城。

"居安思危""防微杜渐""未雨绸缪",中国的传统哲学告诫我们,危机预防是危机管理的第一步。

一、任务描述

公共关系危机指由于组织自身或公众的某种行为而导致组织环境恶化的那些突然发生的重大事件，使组织陷入困境。因此，组织处理突发事件、处理危机的能力如何，是关系到组织生死存亡的大事。机关、企事业单位处理公共关系危机，办公室责无旁贷。

二、任务分析

（一）任务目标

理解公共关系危机的基本概念，掌握突发公共事件处理的基本原则。

（二）任务分析思路

学习突发公共事件处理的基本原则及运用技巧。

三、相关知识

（一）危机概说

（1）危机的含义：指由意外事件引起的危险和紧急的状态。

（2）危机的特点：普遍性、意外性、严重性、危害性、聚焦性（令人关注性）、处理的紧迫性等，但危机中也有潜在的机遇。

（3）危机的类型：信誉危机、舆论危机、资源危机、管理危机、公共危机等。

（4）危机的诱因：组织外部环境变化的诱因；组织内部管理不善的诱因（指组织在观念、战略和战术层面出现的问题）。

（二）公共关系危机概说

1. 公共关系危机的基本概念

公共关系危机是公共关系学的一个较新的术语。英文为"public relations crisis"，专指灾难或危机中的公共关系。当危机或灾难发生时，要从不同的方面予以调查、处理和解决。

2. 公共关系危机的类型

公共关系危机通常可分为：一般性危机和重大危机；内部公共关系危机和外部公共关系危机；有形公共关系危机和无形公共关系危机；人为危机和非人为危机；显在危机和内隐危机。

3. 公共关系危机的特点

偶发性，未知性，不利性，严重性，危害性，普遍性，复杂性。

（三）危机管理

1. 危机管理的含义

这里使用的是狭义上的危机管理含义，通常与危机处理的含义一致，指对已经发生的公共关系危机事件的协调处理过程。又称危机公关、应急管理，一般是指当组织发生了危及组织和公众利益的各种矛盾、纠纷、重大突发性事件时，及时采取有效手段，以最快的速度、最大的努力，降低损失、重塑形象的过程。

2. 危机管理的方式

快速式、协商式、进攻式、迂回式、以退为进式等。

3. 危机管理的对策

采取紧急行动控制事态的发展蔓延，调查与分析，使用公共关系与沟通策略等。

4. 危机管理的原则

危机管理的原则有：快速反应原则、利益相关者定向原则、真诚坦率原则、加大力度原则、以人为本原则、透明公开原则、维护信誉原则。

5. 危机后的恢复

一是总结教训，二是确立重塑形象的目标，三是制订恢复和发展计划。

（四）办公室突发公共事件处理与公共危机管理

1. 办公室突发公共事件的含义

办公室突发公共事件，指突然发生，造成或者可能造成重大人员伤亡、财产损失、生态环境破坏和严重社会危害、危及公共安全，需要采取应急处置措施予以应对的自然灾害、事故灾难、公共卫生事件和社会安全事件。

2. 公共危机管理

办公室作为综合协调机构，在应急处置工作中地位重要、责任重大，在突发事件应急处理工作这个大系统中，各级各类机关单位办公室主要承担管理服务、综合协调、监督指导、参谋咨询等工作，而准确地运用公共危机管理的理论是发挥办公室职能的根本保障。

3. 办公室突发公共事件处理工作

办公室突发公共事件处理工作包括：自然灾害应急处理工作、事故灾难应急处理工作、公共卫生事件应急处理工作和社会安全事件应急处理工作。

4. 突发公共事件处理的基本原则

以人为本，严格程序；主动协调，高效工作；信息反馈，及时理性；全面准确，公正客观；灵活处理，资源整合；统一领导，分级负责；社会动员，广泛参与。

5. 突发公共事件处理的主要工作内容

信息处理工作，管理服务工作，综合协调工作，监督指导工作，参谋咨询工作。

6. 构建办公室突发公共事件的预警系统

协助领导确立应急机制，受命拟定处突预案，协助组织应急志愿者行动，及时搜集预警信息。

（五）突发公共事件现场处置中的办公室工作

1. 办公室参与处理突发现场工作的基本制度

首问责任制，主动协办制，统筹协调制，工作主力制，维稳强制制，领导亲临制，后勤保障制。

2. 启动应急预案

在突发公共事件发生后，事发地政府和有关部门根据突发公共事件的等级启动相应预案，采取措施控制事态，并向上级政府办公室报告。办公室要及时介入，起到相应应急预案执行的监督、协调作用。

3. 为现场主要领导服务

为领导提供信息服务，为领导先期处置服务，为领导亲临现场服务，为领导现场决策服务。

4. 突发公共事件处理后事件调查中的办公室工作

在特别重大、重大、较大和一般突发公共事件处置结束后，办公室要协助、配合政府、政府相关部门按照有关规定和程序，搞好事件的调查评估工作。

5. 办公室信息发布的方式方法

严格管理初始信息发布；注意信息发布整体设计；制作系列信息，及时推进；选择与受众平等的角度进行信息发布。

四、技能训练

（一）基本训练

（1）简述危机的含义。

（2）简述突发公共事件处理的基本原则。

（二）案例分析

根据导引案例"连本带息无理由退房"，你认为潘石屹对危机事件处理的成功关键是什么？

（三）能力拓展训练

资料：

成功的跨越

2002年，某品牌的妇女卫生巾在四川某地被个别媒体报导为传染病的载体。该媒体并未对事件进行核实，也未和消费者协会进行沟通，就以连篇累牍的反面宣传为筹码，要求企业做几十万的广告。企业并未采取简单的"拿钱堵嘴"策略，而是冷静地分析了危机源的所在，一是对同批次的卫生巾在三级卫生检验机构做了检验，拿到了有利证据；二是积极通过中消协、省消协和消费者所在地的县消协与怀疑卫生巾有问题的妇女直接见面，请专家从科学层面作公开解释；三是从人道的角度看望并安慰这些妇女，从而得到了社会的理解和消费者的认可。源头堵住了，企图以报道换广告的那家媒体也就自动停止了继续报导，据说，该企业处理这场风波仅花费了几万元，且一次性完成了所有善后工作。

阅读上述资料，从危机处理对策和沟通协调原则角度分析该企业的成功之处。

五、任务成果展示

资料：

她哭了

马丽很幸运，刚参加工作就被选为公共关系部的经理助理，负责办公室的日常工作。有一天早晨，她刚上班就接到电话，说他们厂生产的热水器出了问题，购买和使用热水器的人正被送往医院。当她听完电话后，一下子哭了起来，不知道怎么办。

请你为她出个主意，她应该做些什么事？

第四节　办公室用语与用语禁忌

▼ 导引案例

丘吉尔的经典语言

第二次世界大战初期，丘吉尔曾做过一次讲演，其中有这样一句话："我所能奉献给你们的只是鲜血、劳累、眼泪和汗水。"从那以后这句话多次被英国人所引用，但大多人只记住了"鲜血、眼泪和汗水"，而把"劳累"遗忘了。语言学家认为，由于"劳累"词义抽象，不好捉摸，因而很快被人们淡忘了。

各行各业都有自己的一套"行话"，也就是在本行业内流行的通用化的标准语言，办公室语言要求文明规范化。

一、任务描述

各行各业都有自己的一套"行话"，也就是在本行业内流行的通用化的标准语言，如股票交易中的"牛市""熊市""走低""看涨"等。如果办事用语不规范，就不仅不会被人们所接受，而且还会被对方视为"不入行""不上道"，受到奚落和冷遇。而语言的准确运用，正是办公室工作人员不可缺少的基本技能之一。办公室工作人员要想做好自己的本职工作，就不能不要求自己做到语言美、用语规范。

二、任务分析

（一）任务目标

掌握办公室语言规范原则和基本礼貌用语。

（二）任务分析思路

在具体工作中使用语言时，不仅要重视自己"说什么"，还要重视自己"如何说"。这就是说，语言的具体内容与表达方式这两方面的问题，均应为办公室工作人员所关注。不然的话，就不可能真正做到语言文明规范。

三、相关知识

（一）办公室用语原则

规范性，准确性，文明性，针对性，趣味性，艺术性。

（二）基本礼貌用语分类

俗话说得好，"礼貌虽然不花钱，却比什么都值钱"。

1. 敬语

敬语是表示恭敬、尊敬的习惯用语。这一表达方式的最大特点是当与宾客交流时，常常用"您好"开头，"请"字放中间，以"谢谢"或"再见"收尾，"对不起"常常挂在嘴边。日常工作中，"您好""请""谢谢""对不起""再见"等字用得最多。其中"请"字包含了对宾客的敬重与尊敬，体现了对他人的诚意，如"请走好""请出示车票""请稍等"等。在日常生活中的常用敬语还有"久仰""久违""包涵""打扰""借光""拜托""高见"等。

2. 谦语

谦语是向人们表示一种自谦和自恭的词语。以敬人为先导，以退让为前提，体现着一种自律的精神。在交谈中常用"愚""愚见""请问我能为您做点什么"等。日常生活中常用的谦语还有"寒舍""太客气了""过奖了""为您效劳""多指教""没关系""不必""请原谅""惭愧""不好意思"等。

3. 雅语

雅语又称委婉语，是指将一些不便直言的事用一种比较委婉、含蓄的方式表达出来，并使对方知道、理解，避免尴尬。例如，当宾客提出的要求一时难以满足时，可以说"您提出的要求是可以理解的，让我们想想办法，一定尽力而为"。"可以理解"是一种委婉语，这样回答可以为自己留有余地。在日常生活中常用的雅语有"留步""奉还""光临""失陪""光顾""告辞"等；称呼别人时用"高寿""令堂""令尊"等。

4. 问候语

问候语一般不强调具体内容，只表示一种礼貌。在使用上通常简洁明了，不受场合的约束。无论在任何场合，与人见面都不应省略问候语。同时，无论何人以何种方式向你表示问候，都应给予相应的回复，不可置之不理。在与人交往中，常用的问候语主要有"你好""早上好""下午好""晚上好"等。与外国人见面问候招呼时，最好使用国际间比较通用的问候语。例如，英语应用"How do you do？"（你好）等。

5. 欢迎语

欢迎语是接待来访客人时必不可少的礼貌语。例如，"欢迎您""欢迎各位光临""见到您很高兴"等。

6. 致歉语

在日常交往中，人们有时难免会因为某种原因影响或打扰了别人，尤其当自己失礼、失约、失陪、失手时，都应及时、主动、真心地向对方表示歉意。常用的致歉语有"对不起""请原谅""很抱歉""失礼了""不好意思，让您久等了"等。当你不好意思当面致歉时，还可以通过电话、手机短信等其他方式来表达歉意。

7. 请托语

请托语是指当你向他人提出某种要求或请求时应使用的必要的语言。当你向他人提出某种要求或请求时，一定要"请"字当先，而且态度、语气要诚恳，不要低声下气，更不要趾高气扬。常用的请托语有"劳驾""借光""有劳您""让您费心了"等。在日本，人们常用"请多关照""拜托你了"。英语国家一般多用"Excuse me"（对不起）。

8. 征询语

征询语是指在交往中，尤其是在接待的过程中，应经常地、恰当地使用诸如"您有事需要帮忙吗？""我能为您做些什么？""您还有什么事吗？""我可以进来吗？""您不介意的话，我可以看一下吗？""您看这样做行吗？"等征询性的语言，这样会使他人或被接待者感觉受到尊重。

9. 赞美语

赞美语是指向他人表示称赞时使用的用语。在交往中，要善于发现、欣赏他人的优点、长处，并能适时地给予对方以真挚的赞美。这不仅能够缩短双方的心理距离，更重要的是它能够体现出你的宽容与善良的品质。常用的赞美语有"很好""不错""太棒了""真了不起""真漂亮"等。面对他人的赞美，也应做出积极、恰当的反应。例如，"谢谢您的鼓励""多亏了你""您过奖了""你也不错嘛"等。

10. 拒绝语

拒绝语是指当不便或不好直接说明本意时，采用婉转的词语加以暗示，使对方意会的语言。在人际交往中，当对方提出问题或要求，不好向对方回答"行"或"不行"时，可以用一些推脱的语言来拒绝。例如，面对经理交代暂时不见的来访者或不速之客，可以委婉地说："对不起，经理正在开一个重要的会议，您能否改日再来？""请您与经理约定以后再联系好吗？"如果来访者依然纠缠，则可以微笑着说："实在对不起，我帮不了您。"

11. 告别语

告别语虽然给人几分客套之感，但也不失真诚与温馨。与人告别时，神情应友善温和，语言要有分寸，具有委婉谦恭的特点。例如，"再次感谢您的光临，欢迎您再来！""非常高兴认识你，希望以后多联系。""十分感谢，咱们后会有期。"

知识链接： 礼仪是一种素质和习惯，需要在工作和生活中不断被体会和使用。礼貌用语很多，在我们日常工作中最基本的应首先掌握好以下十个字："您好，请，对不起，谢谢，再见。"如何运用，给大家介绍一个顺口溜："您好"不离口，"请"字放前头（放在请求别人做事的话之前），"对不起"时时有，"谢谢"跟后头（用在别人帮助我们之后），"再见"送客走。

常用礼貌用语七字诀：

与人相见说"您好"，问人姓氏说"贵姓"，问人住址说"府上"。
仰慕已久说"久仰"，长期未见说"久违"，求人帮忙说"劳驾"。
向人询问说"请问"，请人协助说"费心"，请人解答说"请教"。
求人办事说"拜托"，麻烦别人说"打扰"，求人方便说"借光"。
请改文章说"斧正"，接受好意说"领情"，求人指点说"赐教"。
得人帮助说"谢谢"，祝人健康说"保重"，向人祝贺说"恭喜"。
老人年龄说"高寿"，身体不适说"欠安"，看望别人说"拜访"。
请人接受说"笑纳"，送人照片说"惠存"，欢迎购买说"惠顾"。
希望照顾说"关照"，赞人见解说"高见"，归还物品说"奉还"。
请人赴约说"赏光"，对方来信说"惠书"，自己住家说"寒舍"。
需要考虑说"斟酌"，无法满足说"抱歉"，请人谅解说"包涵"。
言行不妥"对不起"，慰问他人说"辛苦"，迎接客人说"欢迎"。
宾客来到说"光临"，等候别人说"恭候"，没能迎接说"失迎"。
客人入座说"请坐"，陪伴朋友说"奉陪"，临分别时说"再见"。
中途先走说"失陪"，请人勿送说"留步"，送人远行说"平安"。

总之，礼貌用语的使用对个人及社会的发展都有重大的影响，我们应从小事做起，从自身做起，努力提高自身道德修养，学会正确使用礼貌用语。

（三）办公室文明用语和禁忌语

1. 接打电话文明用语

（1）您好，这里是××（科室或部门），我是××，请问您有什么事吗？
（2）对不起，他（她）××××，需要留话吗？
（3）您好，我是××，麻烦您，请××接一下电话好吗？
（4）能麻烦您转告他（她）给我回话吗？
（5）不好意思，我这会儿有点儿事，一会儿打电话给您好吗？
（6）好的，我马上给您咨询一下。
（7）对不起，我不太清楚，我帮您问问××好吗？

2. 接打电话禁忌语

（1）你找谁呀！
（2）怎么搞的，打错了。
（3）我正忙，没空儿。
（4）他上哪儿，我怎么知道。
（5）我找××！

（6）你是谁？听不出我是谁吗？

（7）找领导去，我管不着。

（8）这事不归我管！

（9）今天下班了，改天再来吧！

3. 接待来访文明用语

（1）请进，请坐，请喝水。

（2）您好，请问您有什么事呀？

（3）请问，您贵姓？您是哪个单位的？

（4）请您坐下谈，请您慢慢说，不要着急。

（5）对不起，让您久等了。

（6）哪儿不明白，您请问。

（7）对不起，负责这项工作的同志不在，我可以转告他（她）吗？

（8）您的意见我需要请示领导后再给您答复。

（9）您的意见很对，我们一定研究改进。

（10）您的困难可以体谅，但我们不能违反规定办事。

（11）有做的不到的地方，请原谅。

（12）别客气，这是我们应该做的。

（13）您的问题我会马上转到×××去，并尽快给您答复。

（14）欢迎随时联系，我的电话是××××××。

4. 接待来访禁忌语

（1）今天我有事，不对外办公。

（2）怎么才来，早干什么去了。

（3）我说不能办就是不能办。

（4）今天下班了，明天再来吧。

（5）什么时候办下来没准儿，回去等着吧。

（6）急什么，还没到上班时间。

（7）拿好了，丢了不负责。

（8）没听见我说的话吗？

（9）这个不归我管，不知道。

（10）政策就这么定的，有意见告去，找领导去。

（11）我有事，没空儿跟你多说。

（12）快走吧，我们还有事（或我们要下班了）。

（13）不是告诉你了吗？怎么还问！

（14）这么简单的问题你都不清楚！

（15）××没在，你等他（她）来了再说吧。

5. 办公室用语禁忌

不轻易涉足办公室话题的禁区，其实是非常明智的一招，是在竞争压力下的自我保护。要学会低调做人、高质量做事，千万别议论领导的隐私问题，别把个人的问题带到办公室，领导交代的工作千万别说"NO"，别跟领导讨论自己的薪水问题，别打探同事的薪水、福利水平，别谈论个人家庭的绝对私密。

忌用语："喂""不知道""笨蛋""你不懂""你能死了""狗屁不通""猪脑袋"等。

四、技能训练

（一）基本训练

（1）简述办公室用语原则。

（2）列举一些基本礼貌用语。

（二）案例分析

根据导引案例"丘吉尔的经典语言"，谈谈你认为在公共场合应如何运用规范语言。

（三）能力拓展培训

资料：

惜语如金

美国曾有一位名叫爱尔德尔的参议员，1893年在一次立法通过的辩论会中，他竟高谈阔论了5天时间，信马由缰，东拉西扯，还使人不知所云，如坠雾中。一位记者统计，他在台上共踱步75千米，打了一万多个手势，吃了300多个夹肉面包，喝了40升饮料，堪称"啰唆先生"的世界之最。其实，要语不烦，历史上很多成功人士都是惜语如金，字字珠玑，简练有力，留下珍贵的篇章。例如，华盛顿的就职演说只有135个字，罗斯福的就职演说仅985个字。要使语言具有针对性，一是需要围绕办事目的，不跑题，切忌大话、空话、套话或笼统式的八股文风；二是要讲逻辑性，有理有据，条理分明，一环扣一环。

联系实际，检查自己的语言习惯是否存在不足之处。

五、任务成果展示

请举例说明"礼貌用语的正确使用对人们的工作、学习和生活具有相当的重要意义"。

本章小结

公共关系是从办公室公共关系工作、公共关系沟通、办公室公共关系危机、办公室用语与用语禁忌四个方面来展开的。掌握良好的公共关系沟通技巧是办公室工作人员的基本能力。掌握办公室语言规范原则，是办公室工作人员的基本素质。

参考文献

[1] 范立荣. 办公室行政管理师资格证书教程. 北京：国家行政学院出版社，2013.

[2] 叶黔达. 办公室工作实务规范手册. 2版. 成都：四川人民出版社，2014.

[3] 中国就业培训技术指导中心. 秘书国家职业资格考试与实训指南. 北京：中央广播电视大学出版社，2007.

[4] 中国就业培训技术指导中心. 秘书国家职业资格培训教程 三级秘书：国家职业资格三级. 北京：中央广播电视大学出版社，2006.

[5] 中共中央办公厅、国务院办公厅. 党政机关公文处理工作条例. 2012-7-1.

[6] 中华人民共和国国家质量监督检验总局，国家标准化管理委员会. 党政机关公文格式：GB/T 9704-2012. 北京：中国标准出版社，2012.

[7] 国家档案局. 机关文件材料归档范围和文书档案保管期限规定. 2006-12-18.

[8] 国家档案局. 企业文件材料归档范围和档案保管期限规定. 2013-2-1.

[9] 中华人民共和国国家质量监督检验总局，国家标准化管理委员会. 电子文件归档与管理规范：GB/T 18894-2002. 北京：中国标准出版社，2003.

办公室管理
形成性考核册

文法教学部　编

考核册为附赠资源，适用于本课程采用纸质形考的学生。

若采用**网上形考**或有其他疑问请咨询课程教师。

学校名称：＿＿＿＿＿＿＿＿＿

学生姓名：＿＿＿＿＿＿＿＿＿

学生学号：＿＿＿＿＿＿＿＿＿

班　　级：＿＿＿＿＿＿＿＿＿

形成性考核是学习测量和评价的重要组成部分。在教学过程中，对学生的学习行为和成果进行考核是教与学测评改革的重要举措。

《形成性考核册》是根据课程教学大纲和考核说明的要求，结合学生的学习进度而设计的测评任务与要求的汇集。

为了便于学生使用，现将《形成性考核册》作为主教材的附赠资源提供给学生，采用纸质形考的学生可将各次作业按需撕下，完成后自行装订交给老师。若采用**网上形考**或有其他疑问请咨询课程教师。

考核说明

办公室管理课程采用形成性考核和期末闭卷考试相结合的方式进行考核，形成性考核与期末考试两者的比例分别为20%和80%。形成性考核册由国家开放大学统一布置，共安排4次，每次均按百分制评阅，四次成绩平均分的20%记入总成绩。

期末考试亦按百分制评阅，其成绩的80%记入总成绩。期末考试的基本题型为：单项选择题、判断题、简答题、设计题、案例分析题等。各题型所占分数比例分别为：10%、10%、20%、30%、30%。期末考试的考试时间为90分钟。

办公室管理作业1

姓　　名：_____
学　　号：_____
得　　分：_____
教师签名：_____

（第一、第二章）

一、单项选择题（每个小题2分，共20分）

1. 级别高的办公室一般称为（　　）。
   A. 中心　　　　　　　　　　B. 办公厅
   C. 秘书处　　　　　　　　　D. 联络处
2. 中央机关分别采用分理制和综理制设置下属机构，其办公厅(室)属于分理制的是（　　）。
   A. 全国人大　　　　　　　　B. 全国政协
   C. 中央军委　　　　　　　　D. 国务院
3. 办公室的核心功能是（　　）。
   A. 塑造出组织文化及价值观　B. 办文
   C. 办会　　　　　　　　　　D. 办事
4. 办公室的本质属性是（　　）。
   A. 事务性　　　　　　　　　B. 综合性
   C. 服务性　　　　　　　　　D. 辅助性
5. 办公室工作的第一要义是（　　）。
   A. 服务　　　　　　　　　　B. 管理
   C. 协调　　　　　　　　　　D. 参谋
6. 常用办公用品中属于办公文具的是（　　）。
   A. 中性笔　　　　　　　　　B. 回形针
   C. 剪刀　　　　　　　　　　D. 印章
7. 发放办公用品的人员要求是（　　）。
   A. 使用者自行入库取用
   B. 不可指定人员发放
   C. 无需领用者签字
   D. 发放人员要提醒使用部门和人员节约办公用品
8. 办公用品库存管理中的再订货量是指（　　）。
   A. 办公用品一次采购不足而追加采购的数量
   B. 办公用品的平均使用量

← 每次作业做完后，由此剪下，请自行装订。

C. 判定需要订购新的办公用品的库存余额
D. 新采购办公用品的数量

9. 正确选择办公设备和易耗品供应商不必考虑的因素是（   ）。
   A. 价格和费用　　　　　　　　B. 名牌和高档
   C. 质量和交货　　　　　　　　D. 服务和位置

10. 有权对政府采购合同进行监督和管理的是（   ）。
    A. 国家级或省部级财政部门　　B. 地厅级财政部门
    C. 县级财政部门　　　　　　　D. 任意级别的政府财政部门

二、判断题（每个小题 2 分，共 20 分）

1. 任何办公室，指的都是单位里的综合办事机构。（   ）
2. 省政府的办公厅比其他厅的行政级别要高。（   ）
3. 信息调研是办公室的一项具体职能。（   ）
4. 办公室的工作具有综合性特点。（   ）
5. 办公室管理要严格按既定条条框框办事，不能引用弹性原理。（   ）
6. 发放办公用品的时候，不需要对用品库存进行记录。（   ）
7. 办公电话应定期检查并核对电话账单以控制开销。（   ）
8. 办公用品的最大库存量是指仓库最多能容纳的数量。（   ）
9. 办公用品的库存管理和监督中，出货卡即是申请领用单。（   ）
10. 办公设备使用权的获取只能通过购买。（   ）

三、简答题（每个小题 15 分，共 60 分）

1. 简答办公室的主要特点。

2. 谈谈你对办公室人员应具备的职业素质中"善谋"的理解。

3. 简述办公设备使用规范。

4. 简述在储藏间存储办公用品时的注意事项。

办公室管理作业2

姓　　名:_____
学　　号:_____
得　　分:_____
教师签名:_____

(第三、第四章)

一、设计题（本题 50 分）

调研工作大体上可分为三个阶段，即准备阶段、实施阶段和完成阶段，请对调研工作的三个阶段进行详细设计。

答 题 纸

二、案例分析题（本题50分）

办公室的李敏每天上班和下班前都将自己的工作区域清洁整理得干干净净、有条不紊，同时她也主动清洁整理自己常用的复印机、打印机、饮水机、档案柜、公用书架等。每当她看到复印纸抽拿零乱，公用字典扔在窗台，废纸桶满了没人倒时，都及时做些清洁整理工作，以维护办公环境的整洁。

秘书小王每天都认真清洁整理自己的办公桌，常用的笔、纸、回型针、订书器、文件夹以及专用电话等都摆放有序。下班前，她也将办公桌收拾得干净整齐，从不把文件、物品乱堆乱放在桌面上。但小王很少参与清理和维护公用区域，也常将公用资源如电话号码本、打孔机、档案夹等锁进自己的办公桌，使别人找不到。

办公室的小刘上班匆匆忙忙，接待室的窗台布满灰尘，办公桌上堆得满满当当，电脑键盘污迹斑斑，上司要的文件总是东查西翻，每日常用的"访客接待本"也总是找不到。自己的办公桌都没有管理清楚，更无暇顾及他处。

你怎样评价这三位工作人员的行为？

答 题 纸

办公室管理作业 3

姓　　名：_____
学　　号：_____
得　　分：_____
教师签名：_____

(第五、第六章)

一、单项选择题（每个小题 2 分，共 20 分）

1. 下面属于文书的是（　　）。
   A. 书信　　　　　　　　B. 电影片段
   C. 音乐磁带　　　　　　D. 话剧表演

2. 在公文行文中，下级向上级行文时，错误的是（　　）。
   A. 原则上主送一个上级机关
   B. 根据需要同时抄送相关上级机关和同级机关
   C. 抄送下级机关
   D. 属于部门职权范围内的事项应当直接报送上级主管部门

3. 公文写作的规范要求（　　）。
   A. 生动地反映事实，鼓励文学手法
   B. 为组织管理服务，提倡个性化写作
   C. 具有规范体式，符合公文格式标准
   D. 采用生活语言，拒绝公文术语

4. 向上级做请示时，下面哪个做法不妥（　　）。
   A. 严格执行一文一事制度
   B. 请示必须事前行文，切忌先斩后奏
   C. 地级市政府越过省政府直接向国务院行文请示
   D. 请示理由要充分，要求和建议要具体

5. 意向书的特点不包括（　　）。
   A. 严谨性
   B. 灵活性
   C. 约束性
   D. 协调性

6. 在办理发文时，经复核，对于不符合要求的公文应该（　　）。
   A. 办公室人员帮其纠正后发出
   B. 退交起草部门补充或修正

C. 即使文稿做了实质性修改，也无需原签发人重新签发

D. 修改回来的文稿不再重新复核

7. 在收文过程中，可以由办公室人员启封的信件是（　　）。

　　A. 信封上写有领导亲启的信件　　B. 有密级的信件

　　C. 没写名字的信件　　D. 公开出版的杂志的赠阅信件

8. "四分四注意"立卷方法不包括（　　）。

　　A. 分年度　　B. 分级别

　　C. 分问题　　D. 分纸型

9. 电子公文的属性是（　　）。

　　A. 不是真正意义上的公文　　B. 通常属于涉密公文

　　C. 具有规范格式　　D. 权威性远低于纸质公文

10. 电子公文的处理（　　）。

　　A. 只能在网上办理

　　B. 在网上分发流转时，无需做登记、管理等

　　C. 可以印制成纸质文件分发处理

　　D. 不能网上处理与纸质处理相结合

二、判断题（每个小题 2 分，共 20 分）

1. 狭义的文件即指公文。（　　）
2. 公文行文时越级行文是普遍现象。（　　）
3. 办文能力就是指写文能力。（　　）
4. 意向书简单而言就是传递意向的文书。（　　）
5. 协议书本身与合同的法律效力是一样的。（　　）
6. 上行发文的主送机关必须为上级机关，而不是上级领导个人。（　　）
7. 收文时应逐件清点，并以签字或盖章的方式签收。（　　）
8. 档案保管期限就是对档案划定的存留年限，它与档案本身的价值大小无关。（　　）
9. 档案库房要坚固、安全、专用，适宜保管档案，和阅览室、办公室实行三分开。（　　）
10. 电子文档不存在销毁问题。（　　）

三、简答题（每个小题 15 分，共 60 分）

1. 简要回答公文写作的五部曲。

2. 简要回答起草请示的"五步棋"。

3. 简述公文校对工作要求。

4. 简答电子公文处理过程的五个环节。

办公室管理作业 4

姓　　名：_____
学　　号：_____
得　　分：_____
教师签名：_____

（第七、第八章）

一、填空题（每空 2 分，共 40 分）

常用礼貌用语七字诀

与人相见说（　　）　　问人姓氏说"贵姓"　　问人住址说（　　）
仰慕已久说"久仰"　　长期未见说（　　）　　求人帮忙说（　　）
向人询问说（　　）　　请人协助说"费心"　　请人解答说"请教"
求人办事说"拜托"　　麻烦别人说"打扰"　　求人方便说"借光"
请改文章说（　　）　　接受好意说"领情"　　求人指点说"赐教"
得人帮助说（　　）　　祝人健康说"保重"　　向人祝贺说（　　）
老人年龄说"高寿"　　身体不适说（　　）　　看望别人说"拜访"
请人接受说（　　）　　送人照片说"惠存"　　欢迎购买说"惠顾"
希望照顾说"关照"　　赞人见解说（　　）　　归还物品说"奉还"
请人赴约说（　　）　　对方来信说"惠书"　　自己住家说（　　）
需要考虑说（　　）　　无法满足说"抱歉"　　请人谅解说（　　）
言行不妥"对不起"　　慰问他人说"辛苦"　　迎接客人说"欢迎"
宾客来到说"光临"　　等候别人说（　　）　　没能迎接说（　　）
客人入座说（　　）　　陪伴朋友说"奉陪"　　临分别时说"再见"
中途先走说（　　）　　请人勿送说（　　）　　送人远行说"平安"

二、简答题（每个小题 15 分，共 60 分）

1. 简述公共关系的三大构成要素及其原则。

2. 提高会议质量的主要方法和措施。

3. 衡量会议质量的会前基本标准有哪些？

4. 简述会务管理的要求。